【江苏的河姆渡】

QING DUN KAO GU

青墩考古

王其银 李春涛 编著

苏州大学出版社

图书在版编目（CIP）数据

青墩考古 / 王其银，李春涛编著. — 苏州 ： 苏州大学出版社，2010. 12
（江海文化丛书 / 姜光斗主编）
ISBN 978-7-81137-624-1

Ⅰ. ①青… Ⅱ. ①王… ②李… Ⅲ. ①新石器时代文化—文化遗址—简介—海安县 Ⅳ. ①K878

中国版本图书馆CIP数据核字（2010）第227573号

书　　名	青墩考古
编　　著	王其银 李春涛
责任编辑	郑亚楠
出版发行	苏州大学出版社
	（苏州市十梓街1号　215006）
印　　刷	南通市崇川广源彩印厂
开　　本	890×1240　1/32
印　　张	8.125
字　　数	193千
版　　次	2010年12月第1版
	2010年12月第1次印刷
书　　号	ISBN 978-7-81137-624-1
定　　价	22.00元

苏州大学出版社营销部 电话：0512-67258835
苏州大学出版社网址 http://www.sudapress.com

“江海文化丛书”总序

李 炎

由南通市江海文化研究会编纂的“江海文化丛书”（以下简称“丛书”），从2007年启动，2010年开始分批出版，兀兀穷年，终有所获。思前想后，感慨良多。

我想，作为公开出版物，这套“丛书”面向的不仅是南通的读者，必然还会有国内其他地区甚至国外的读者。因此，简要地介绍南通市及江海文化的情况，显得十分必要，这样便于了解南通的市情及其江海文化形成的自然环境、社会条件和历史过程；同时，出版这套“丛书”的指导思想、选题原则和编写体例，一定也是广大读者所关心的，因此，介绍有关背景情况，将有助于阅读和使用这套“丛书”。

南通市位于江苏省中东部，濒江（长江）临海（黄海），三面环水，形同半岛；背靠苏北腹地，隔江与上海、苏州相望。南通以其独特的区位优势及人文特点，被列为我国最早对外开放的14个沿海港口城市之一。

南通市所处的这块冲积平原，是由于泥沙的沉积和潮汐的推动而由西北向东南逐步形成的，俗称江海平原，是一片古老而又年轻的土地。境内的海安县沙岗乡青墩新石器文化遗址告诉我们，距今5 600年左右，就有先民在此生息繁衍；而境内启东市的成陆历史仅300多年，设县治不过80余年。在漫长的历史过程中，这里有沧海桑田的变化，有八方移民的杂处；有四季分明、雨水充沛的“天时”，有产盐、植棉的“地利”，更有一代代先民和谐共存、自强不息的“人和”。19世纪末20世纪初，这里成为我国实现早期现代化的重要城市。晚清状元张謇办实业、办教育、办慈善，以先进的理念规划、建设、经营城市，南通走出了一条与我国近代商埠城市和曾被列强所占据的城市迥然不同的发展道路，被誉为“中国近代第一城”。

南通于五代后周显德五年（958）筑城设州治，名通州。北宋时一度（1023—1033）改称崇州，又称崇川。辛亥革命后废州立县，称南通县。1949年2月，改县为市，市、县分治。1983年，南通地区与南通市合并，实行市管县新体制至今。目前，南通市下辖海安、如东二县，如皋、海门、启东三市，崇川、港闸、通州三区和国家级经济技术开发区；占地8 001平方公里，常住人口约770万，流动人口约100万。据国家权威部门统计，南通目前的总体实力在全国大中城市（不含台、港、澳地区）中排第26位，在全国地市级中排第8位。多年来，由于各级党委、政府的领导及全市人民的努力，南通获得了“全国文明城市”、“国家历史文化名城”、“全国综合治理先进城市”、“国家卫生城市”、“国家环保模范城市”、“国家园林城市”等称号，并有“纺织之乡”、“建筑之乡”、“教育之乡”、“体育之乡”、“长寿之乡”、“文博之乡”等美誉。

江海文化是南通市独具特色的地域文化，上下五千年，南北交融，东西结合，具有丰富的历史内涵和深邃的人文精神。同其他地域文化一样，江海文化的形成，不外乎两种主要因素，一是自然环境，二是社会结构。但她与其他地域文化不尽相同之处是，由于南通地区的成陆经过漫长的岁月和不同阶段，因此移民的构成呈现多元性和长期性；客观上又反映了文化来源的多样性以及相互交融的复杂性，因而使得江海文化成为一种动态的存在，是“变”与“不变”的复合体。“变”的表征是时间的流逝，“不变”的表征是空间的凝固；“变”是组成江海文化的各种文化“基因”融合后的发展，“不变”是原有文化“基因”的长期共存和特立独行。对这些特征，这些传统，需要全面认识，因势利导，也需要充分研究和择优继承，从而系统科学地架构起这一地域文化的体系。

正因为江海文化依存于独特的地理、自然环境，蕴含着自身的历史人文内涵，因而她总会通过一定的“载体”体现出来。按照联合国教科文组织的分类，“文化遗产”可分为四类：即自然遗产、文化遗产、自然与文化遗产、非物质文化遗产。而历史文化人物、历史文化事件、历史文化遗址、历史文化艺术等，又是这四类中常见的例证。譬如，我们说南通历代人文荟萃、名贤辈出，可以随口道出骆宾王、范仲淹、王安石、文天祥、郑板桥等历代名人在南通留下的不朽篇章和轶闻逸事；可以随即数出三国名臣吕岱，宋代大儒胡瑗，明代名医陈实功、文学大家冒襄、戏剧泰斗李渔、曲艺祖师柳敬亭，清代扬州八怪之一的李方膺等南通先贤的生平业绩；进入近代，大家对张謇、范伯子、白雅雨、韩紫石等一大批南通优秀儿女更是耳熟能详；至于说现当代的南通籍革命家、科学家、文学家、艺术家以及各行各业的优秀人才，也是不胜枚举。在他们身上，都承载着江海文化的优秀传统和人文精神。同样，对历史文化的其他类型也都是认识南通和江海文化的亮点与切入口。

本着“文化为现实服务，而我们的现实是一个长久的现实，因此不能急功近利”的原则，南通市江海文化研究会在成立之初，就将“丛书”的编纂作为自身的一项重要任务。

我们试图通过对江海文化的深入研究，将其中一部分能反映江海文化特征，反映其优秀传统及人文精神的内容和成果，系统整理、编纂出版“江海文化丛书”。这套“丛书”将为南通市政治、经济、社会全面和谐发展提供有力的文化支撑，为将南通建成文化大市和强市夯实基础，同时也为“让南通走向世界，让世界了解南通”作出贡献。

“丛书”的编纂正按照纵向和横向两个方向逐步展开。

纵向——即将不同时代南通江海文化发展史上的重要遗址（迹）、重大事件、重要团体、重要人物、重要成果经过精选，确定选题，每一种写一方面具体内容，编纂成册；

横向——即从江海文化中提取物质文化或非物质文化的精华，如“地理变迁”、“自然风貌”、“特色物产”、“历代移民”、“民俗风情”、“方言俚语”、“文物名胜”、“民居建筑”、“文学艺术”等，分门别类，进行归纳，每一种写一方面的内容，形成系列。

我们力求使这套“丛书”的体例结构基本统一，行文风格大体一致，每册字数基本相当，做到图文并茂，兼有史料性、学术性和可读性。先拿出一个框架设想，通过广泛征求意见，确定选题，再通过自我推荐或选题招标，明确作者和写作要求，不刻意强调总体同时完成，而是成熟一批出版一批，经过若干年努力，基本完成“丛书”的编纂出版计划。有条件时，还可不断补充新的选题。在此基础上，最终完成《南通江海文化通史》《南通江海文化学》等系列著作。

通过编纂“丛书”，我有四点较深的体会：

一是有系统深入的研究基础。我们从这套“丛书”，看到了每一单项内容研究的最新成果，作者都是具有学术素养的资料收集者和研究者；以学术成果支撑“丛书”的编纂，增强了它的科学性和可信度。

二是关键在广大会员的参与。选题的确定，不能光靠研究会领导，发动会员广泛参与、双向互动至关重要。这样不仅能体现选题的多样性，而且由于作者大多出自会员，他们最清楚自己的研究成果及写作能力，充分调动其积极性，可以提高作品的质量及成书的效率。

三是离不开各个方面的支持。这包括出版经费的筹措和出版机构的运作。由于事先我们主动向上级领导汇报，向有关部门宣传，使出版“丛书”的重要性及迫切性得到认可，基本经费得到保证；与此同时，“丛书”的出版得到苏州大学出版社的支持，出版社从领导到编辑，高度重视和大力配合；印刷单位全力以赴，不厌其烦。这大大提高了出版的质量，缩短了出版周期。在此，由衷地向他们表示谢意和敬意！

四是有利于提升研究会的水平。正如有的同志所说，编纂出版“丛书”，虽然有难度，很辛苦，但我们这代人不去做，再过10年、20年，就更没有人去做，就更难做了。我们活在世上，总要做些虽然难但应该做的事，总要为后人留下些有益的精神财富。在这种精神的支撑下，我深信研究会定能不辱使命，把“丛书”的编纂以及其他各项工作做得更好。

研究会的同仁嘱我在“丛书”出版之际写几句话。有感而发，写了以上想法，作为序言。

2010年9月

（作者系南通市江海文化研究会会长，“江海文化丛书”编委会主任）

目 录

引 子

重大考古发现

青墩陶器

青墩玉、石器

青墩动植物遗存

青墩炭化稻谷

青墩麋鹿角刻纹

淮夷、徐夷与先民习俗

青墩文化面貌

附　录

引 子

某日，沙岗青墩来了几个外地人，他们一路摸到施工地点，在民工随意丢弃的陶罐碎片和大量兽骨化石前惊呆了："这是'灰陶'，这是'黑陶'，那是麋鹿角化石，都是宝贝啊！"

奇妙的缘起

1973年8月，海安沙岗青墩大队为建居民点开挖一条青墩新河。在挖掘过程中，村民们突然发现了许多坛坛罐罐，还有许多兽骨之类的东西，大伙见识不多，捡捡翻翻也就歇手了。

事隔不久，一位祝姓农民去南通办事，一时有空，踱进附近的南通博物苑参观，看见玻璃橱窗里陈列着一些陶罐之类的文物，还有麋鹿角化石，便随口说了句："这些东西有什么稀奇，到我们青墩去可以用拖拉机拉。”说者无意，听者有心，在场的工作人员问：“真的假的？”小伙子拍拍胸脯：“当然真的！不信你们去看……”一旁有个穿着比较随意的男人听了有点兴趣，走过来聊了几句，问了祝某的家庭地址。

某日，沙岗青墩来了几个外地人，他们一路摸到施工地点，在民工随意丢弃的陶罐碎片和大量兽骨化石前惊呆了：“这是‘灰陶’，这是‘黑陶’，那是麋鹿角化石，都是宝贝啊！”于是他们着手了解开挖河道发现陶器、兽骨的情况，并把民工捡回家当鸡食盆的陶钵等东西要走了……

外地人的异常举动引起了在场村干部的注意，有人意识到挖出来的东西可能是文物，便向县文化部门报告。谁知来人即是南通博物苑的工作人员邱丰等，他们已与海安县文化部门取得联系，于是几经周折，南通博物苑正式派人到青墩详细调查，采集出土遗物，并作试探性发掘，很快发现了在江南一带良渚文化遗存中常见的石器、陶器和璧、琮、环等玉器……

为了弄清这一历史遗存的文化性质，南通博物苑向江苏省有关部门呈报，由南京博物院会同省内数家博物馆的考古专家以及南京大学历史系考古专业的师生，于1978、1979年连续两年对遗址进行发掘，先后出土1 000余件新石器时期的石器、陶器、玉器和麋鹿、獐、猪、狗、牛的兽骨化石。其中，陶斧、陶纺轮、麋鹿角刻纹与“干栏式”建筑，以及可与河姆渡遗址相提并论的稻作遗迹，震惊了中国考古界和易学研究者，悠悠5 000年的青墩遗址终于揭开了神秘的面纱……

于是，海安的历史被改写了，南通的历史被改写了，江淮东部的文明史也被改写了，一个全新的名词——“江苏海安青墩遗址”在现代汉语词汇里出现了，南通的远古文明开始彰显出悠久的篇章……

让我们注目探索青墩文化的诸多辉煌：

有柄穿孔陶斧，作为生产工具的模型或替代品是江淮东部地区原始先民的一大发明，为全国墓葬发掘中仅有的稀世之物，陶斧的出土解决了困扰学术界多年的“石斧如何装柄”的学术难题；

陶豆圆形柄图案，经南京博物院考古研究所所长张敏先生鉴定，系我国第一次发现的五等分圆的实例，代表我国原始社会“数学或几何学研究的最高水平”；

麋鹿角刻纹为东方伏羲作八卦、开创易学提供了有力的证明；

鹿角回旋镖作为狩猎工具，在亚洲太平洋地区最早创造和使用，为我国首次发现；

长江北岸五六千年前的“干栏式”建筑为我国首次发现；

青墩稻作文化和龙虬庄文明一起成为日本“渡来人”在九州创造弥生文化的渊源……

令人瞩目的是，拥有2万多平方米的青墩遗址到目前为止仅正式发掘490平方米，可谓冰山一角；而更多的奥秘和辉煌正呼唤我们去作新的探索与研究……

（王其银）

重大考古发现

“众里寻他千百度，蓦然回首，那人却在灯火阑珊处。”青墩遗址出土的带柄穿孔陶斧，一下子拨开了笼罩在考古学者心头的迷雾，多年的考古之谜终于解开了。

江淮东部远古文化的见证

上世纪50年代，在中国考古界，谈到江苏运河以东里下河地区，人们只简单地说这里“地势下湿沮洳，未见得有居民，就是有，也必然很少”。话虽仅仅一句，却被过去研究古史、古地理的学者视为定论。所以，直到20世纪50、60年代，江苏省先秦考古学者的眼光，极少注意到这一地区。海安青墩遗址的发现使人们的这一传统看法发生了改变。

一、遗址发现的时间和经过

1973年春，海安沙岗乡一个叫青墩的小村落里，由于开掘青墩新河，在地下掘出了大量的陶、石、骨器和鹿角、兽骨等古代遗物。后来又有一位村民在村内住家的屋后挖粪坑时，不经意挖出了玉琮、玉璧等8件具有太湖地区良渚文化特征的古玉器。1976年，南通博物苑的邱丰、凌振荣等考古人员来此进行了调查，确认这里是一处规模很大（面积约2万多平方米）、保存相当完好的新石器时代文化遗址。1978年春，国家文物局和文物出版社在南京召开长江下游新石器时代文化学术讨论会时，南通博物苑在会上出示了这批材料，引起了与会学者们的重视。

二、试掘和发掘

发掘时间和发掘面积：

试掘：为了弄清青墩遗址的范围及文化内涵，1977年11月，南通博物苑派人来此进行试掘，开了两个小探方，面积共25平方米。

正式发掘：第一次发掘，由南京博物院主持，1978年4月至5月，发掘5米×5米的探方6个，面积150平方米；第二次发掘系南京博物院结合南京大学历史系考古专业同学教学实习进行的，时间在1979年4月至5月，发掘5米×10米的探方6个，5米×8米的探方1个，面积340平方米。两次发掘总面积为490平方米。

南通博物苑、连云港市博物馆和无锡市博物馆先后派人参加了这两次发掘。

三、主要考古发现

1.地层和遗迹

文化层堆积情况：除去表土和扰土层外，其下为厚2~2.5米的新石器时代文化堆积层。根据土质、土色和包含出土物特征的差异，考古人员又将其划分为上、中、下三个文化层。

上文化层（地层编号为第三层）：黄绿色土，厚0.3～0.6米。包含有数量不多的陶片等遗物，其中具有该层时代特征的有T字形和宽扁形的鼎足，有复道弦纹镂空豆的圈足及短流等，具有江南一带早期良渚文化遗存的文化特征。此外，在该层内还发现了同时期的墓葬29座。

中文化层（地层编号为4A和4B层）：土色黑灰或夹有多量的贝壳，厚1～1.9米。4A、4B这两小层出土的陶片等遗物特征基本相同，其中4A层包含的遗物较为丰富，有大量的新石器时代陶片以及石锛、石斧、骨镞、骨锥、陶弹丸，还有鹿角、兽骨等遗物。该层出土的陶片等遗物特征，基本上和江南地区崧泽文化晚期特征相类似。此外，在该层内还发现了同时期的墓葬51座。

下文化层（地层编号为第五、六两层）：其中第五层为褐色胶结状砂质土，厚0.25～0.4米；第六层为黑泥层，湿润而细腻，该文化层尤其是第六层出土的新石器时代陶片、陶器和骨器等文化遗物较多，遗物的文化特征基本上与江南地区崧泽文化早期相类似。还发现大量的猪牙床、鹿角、兽骨和鱼骨、龟甲、大蚌壳及炭化米粒、菱角、芡实、果核等。

在两次发掘的12个探方中，于9个探方的下文化层内，都发现了数量多少不等的经过加工的木桩、圆木条、残木板等建筑构件和柱洞等。此外，在该层偏上部清理墓葬18座。

上述地层情况表明，发掘区最早（下文化层）曾是原始氏族人的居住区，后来可能居住区向遗址南部转移，这里则被划为氏族公共葬地。

2.出土遗物及其特征

两次发掘出土的文化遗物数量颇丰，上、中、下三层墓葬中，共出土陶、石（玉）、骨角器等随葬遗物478件；在文化层堆积中出土陶片25 000余片，较完整的文化遗物多系骨角器、玉石器和小件陶器等，共392件。

出土的320件陶器中最常见的有鼎、豆、壶、罐、三足盉、盆、钵、碗、杯、带柄穿孔陶斧、陶纺轮、陶弹丸等。其他生产工具和饰品等小件遗物以骨、角、牙器最多（414件），石、玉器也有一定数量（136件）。

另外，还出土了大量的自然遗物，其中食后废弃的贝壳数量惊人，主要有蓝蚬、失衡丽蚌等，均系全新世淡水生物。其他常见的还有麋鹿的骨角、猪牙床、野猪獠牙、狗牙床、水牛角、獐牙、鱼骨、龟板等；植物标本则有炭化稻谷、芡实、菱角、桃核等。

从出土的早、中、晚三期文化遗物的形制特征上，可看出它们分别和苏南地区的崧泽文化早、晚期及早期良渚文化有不少相同之处。另外，有部分遗物的特征与南京北阴阳营文化、苏北的刘林文化、庙底沟类型的仰韶文化有类似之处。说明史前时期的青墩人的活动范围是非常广阔的，和周边地区部落集团交往十分频繁，甚至可以说这一带是当时南北交往的重要通道之一。

四、考古遗存的年代问题

一个新的考古学文化遗存被发现以后，人们最关心的问题，也是考古学家所要着重解决的问题，就是它的年代问题。目前，国际上考古学用放射性碳素（碳14）来进行年代测定，这是最为常用的科学方法。中国社科院考古研究所曾对青墩遗址中文化层的木炭和下文化层的残木桩进行了碳14年代测定。测定的结果是下文化层为距今5 035±80年（树轮校正值为5 645±110年）；中文化层为距今5 015±85年（树轮校正值为5 625±110年）。但这个测定结果似尚可商榷。虽说用碳14测定年代是很先进的科学手段，但对于测定标本的采样要求和处理非常严格，稍有不慎即可造成外界物质对标本的污染，从而使测定的数据产生偏差。所以，人们测定一个地层的年代，往往要同时测定若干个标本，这样得出来的年代数据才比较可靠。而青墩遗址的中、下文化层仅各被选了一个标本，故很难保证其具有很高的准确性。关于这一点，青墩遗址发掘报告中明确指出："这两层文化面貌有较明显的差异，不可能早晚只相差20年，其中至少有一个数据有较大的误差。"并指出下文化层的测定数据可能偏晚。发掘报告已指出，青墩遗址中、下两文化层的文化面貌分别与江南地区的崧泽文化晚期和早期相类似。参照目前已被考古界确认的崧泽文化的年代数据，再参照1993—1995年发掘的高邮龙虬庄遗址的相关地层资料，我们现在大致可以确定青墩遗址中、下两层文化的年代大致分别为在距今5 500年至5 000年（公元前3 500—前3 000年）、6 000年至5 500年（公元前4 000—前3 500年）范围内比较合适。上层已属良渚文化时期，距今应在5 000年至4 500年（公元前3 000—前2 500年）。

五、将南通地区的历史上推了三千多年

由于青墩遗址的发掘结合了古地理方面的勘探资料，因此目前学界对江淮东部地区成陆的时间和过程，有了新的认识。

距今约8 000年前，古长江口在镇江与扬州之间。江北扬州以东的泰州、海安一带是一片茫茫海域。因长江每年携带4亿多吨泥沙入海，入海口流速减慢，加之受海潮顶托，泥沙不断沉淀，先后在浅滩处出现墩、沙洲，逐步在长江口北岸今泰州与海安一线形成一条长达数十公里的沙嘴。过了1 000多年，海陵一带成为一块四面环水的陆地。

正因为地理环境有如此特点，所以过去人们总以为这一带成陆时间很晚，远古时期人类无法在这里生存。

海安地区有历史记载始于春秋时期。最先属吴国，叫郧，又名发繇口、发繇亭。 其中心就是现今海安县立发桥。

海安青墩新石器时代遗址的发掘，证明五六千年前东南黄海之滨已有人类聚居。这样就一下子将江淮东部地区的历史上推了3000余年。

下面可根据现有的认识，简略描述一下这一历史时期居住在这一带人们的生产和生活等方面的情况。

根据青墩遗址的考古发掘资料，我们可以推知当时这一带气候温湿，居住在这里的人们当时处于新石器时代晚期父系氏族阶段。他们主要从事原始农业，使用磨制的石斧、石锛、骨耜等工具开垦荒地，种植稻谷等庄稼，并畜养了狗、猪、牛等牲畜。原始农业和畜牧业需要先民们过定居生活，所以他们在土墩上建造了简陋的干栏式高架木屋，并形成了村落。他们还采集果实，猎取麋鹿等野兽和捕捞鱼贝，扩大了食物的来源。

大量使用兽骨制成的骨铲、骨锥、骨镞和角质的叉型投掷器等工具，是由这一带栖息着大量的麋鹿等野兽这样的环境所决定的。古青墩人已经掌握了原始的种麻、用纺轮纺线等技术。他们根据生活需要，烧制了种类繁多且造型美观的陶器。

随着生产的发展，远古青墩部落的产品逐渐有了剩余。在青墩遗址上层墓穴里，已出现了稀有的璧、环、坠等玉器。这一时期氏族成员内已分化出专业手工业者和商业交换。青墩氏族公社内部已出现了贫富和贵贱等级的差异，文明的曙光已开始照耀到海安青墩这一片土地上。

（纪仲庆）

青墩遗址的重大考古发现

青墩遗址的考古发掘工作持续了三年。1977年，南通博物苑在遗址北侧开了一个探方，作了试探性发掘；1978年、1979年，南京博物院会同无锡博物馆、连云港博物馆、南通博物苑以及南京大学历史系考古专业的师生对遗址进行了两次正式发掘，从而彻底揭开了青墩遗址的神秘面纱，为江淮东部地区的史前考古谱写了新的篇章。青墩遗址的重大考古发现震惊中国考古界。

一、江北最古老的“干栏式”木构民居

“干栏式”建筑是指一种在木（竹）柱底架上建筑的高出地面的房屋。中国古代史书中又有“干欄”、“干欗”、“高欄”和“葛欄”等名。

我国上古传说中，有巢氏为避免族人遭野兽侵袭，教民构木为巢，从此就有了房屋。虽然有巢氏其人不一定存在，但“干栏式”民居确应是从原始的巢居发展而来的，这当无疑义。

“干栏式”房屋建筑在世界许多地方的古代民居中为常见的建筑形式之一，一般多建在临近湖沼、地势低湿、气候炎热且雨水较多的地带。由于气温高，湿气大，加之野外常有毒蛇、野兽出没，危害人畜，于是“干栏式”建筑也就应运而生了。“干栏式”房屋建筑在木桩架上，一般离地2米多高，人居上面既可防潮散热，又能防御毒蛇野兽；下层还可以圈养家畜。

我国的“干栏式”建筑房屋为南方百越先民首创。最早“干栏式”建筑遗迹是在浙江余姚河姆渡7 000多年前的新石器时代遗址中被发现的。现在，“干栏式”建筑仍是我国南方一些省区少数民族，特别是傣族居民较普遍的住房。

海安青墩遗址下层9个探方都发现有不少数量的保存尚好的建筑木构件和柱洞遗迹。其中建筑木构件有木桩、圆木条和木板等。在第15号探方内，即发现木桩和圆木条达32根之多。木桩的下部多数从四面砍削成圆锥形，少数从一面砍成陡直的斜面。这些木桩一般都竖直地插入最下层的青沙生土内。圆木条和木板也是当时人们加了工的建筑构件，有些圆木条端部还有砍凿出来的卯榫。可以判断，竖立的木桩可能是当时“干栏式”房屋的下部木架结构部分；圆木条和木板则可能是屋顶、墙壁和地板的残余。

在我国长江北岸发现五六千年前的“干栏式”建筑，在我国的史前考古史上，尚属首见。它对研究我国远古时期民居的类型、分布和演变具有一定的价值。青墩遗址发掘报告附录的孢粉鉴定报告对青墩下层孢粉鉴定的结果指出：“（采集的孢粉样品）整个组合反映为森林草原植被类型，气候显得比较温暖、潮湿，其地层时代属于全新世大西洋期之末。”可以说，这样的地理和气候环境正是产生“干栏式”房屋的主要原因。

二、亚太地区最早的回旋镖

说起回旋镖，人们会联想到澳大利亚土著民族最常使用的一种奇异的狩猎工具和武器。它还有“飞镖”、“回旋刀”、“飞去来器”等名称，是澳洲土著文化最典型的标志。正因为如此，在悉尼举办的2000年奥运会上，东道国澳大利亚的“新世纪运动员”的图标，理所当然地采用了回旋镖作为这一标记的重要组成部分。设计者巧妙地利用了被大家所熟悉的澳洲典型的形象物品及色彩传统，来构成一个以举着火炬的运动员形象为主题的标志。如果把这一标志拆散，由上至下不难看出悉尼歌剧院的外形曲线被用来表示火炬，而太阳、岩石表示头部，土著的回旋镖图形则被用来表示运动员前后摆动的双臂及奔跑着的双腿。

回旋镖大体上可分为两种，一种回旋镖被投掷者用力掷出去后，从其出发点快速飞出再飞回来，是澳洲土著人主要用来把飞鸟赶进网里的工具。这种回旋镖后来经过改进后发展成一种杂技艺术，“飞去来器”名称指的主要是这一类的回旋镖；另一类回旋镖是投掷出去后不再飞回，它比较厚长，但弯度小些，是一种用来猎取袋鼠和蜥蜴的武器。

有趣的是海安青墩遗址中出土了6件回旋镖，其中有4件整齐地叠在一起，被作为随葬品埋在一座墓中。同墓中还出土骨箭头13枚。死者被鉴定为成年男性，可见死者一定是一位精明的猎手。青墩出土的“飞去来器”全都是用麋鹿犄角制成的，有3个自然分叉，全器一面磨平，另一面保存原来的凸面，3个端部都磨成了扁刃。这些形制特征，和澳大利亚土著人的回旋镖基本相同，只是采用的材料有木制和角制的不同。

历史上海安、如皋一带滨江面海，境内河港很多，芦苇丛生，麋鹿、野猪、野鸡成群，自古以来就常有人到这里射猎，春秋时期这一地区即是著名的射猎场所。青墩遗址文化层内出土了大量的鹿骨、鹿牙、鹿角和鹿角制作的镞、匕首等武器。这就证明了狩猎仍是当时青墩人重要的经济生活来源。麋鹿不仅是青墩人的主要狩猎对象，而且是取之不尽、用之不竭的制作劳动工具和武器的材料来源。

青墩出土的回旋镖属于珍贵文物，为避免受到损伤，对其使用性能至今尚未进行过模拟试验。但从其体型、厚度和重量等方面考虑，当属前述第二类回旋镖——即用来狩猎，投掷出去不能飞回的那一类。

青墩遗址发现回旋镖在我国尚属首次，可确定为属6 000

年前的青墩人所制造和使用，是目前亚太地区已知的最古老的狩猎工具之一。

三、"中华第一斧"——原来石斧是这样装柄的

在长达300万年的人类发展史上，可以说其中有漫长的299万年左右处于旧石器时代，当时人们主要使用的是打制的砍砸器、刮削器、尖状器等简单的石制工具。直到1万年前左右，即从石器时代开始，特别是进入新石器时代后，人类才从单纯的狩猎和采集经济发展为以畜牧和原始农业为主的生产经济。

石器的制作由打制发展为磨制，还发展了穿孔技术，石器的用途和类别也越分越细，创造了复合工具和弓箭。所谓复合工具，一般是指将工具装上木质或其他质料的长柄。这样的工具使用起来，就等于延长了人臂的长度，可以延伸攻击距离和范围，加强攻击的力度，提高劳动效率，有效地促进生产力的发展。穿孔石斧就是复合工具中的一种。

穿孔石斧在新石器时代遗址中多有发现，特别在我国东部和东南沿海地区更为普遍。国外的史前考古报道中，也屡见不鲜（如欧洲史前时期的凯尔特人等）。毫无疑问，穿孔石斧必然是须装柄使用的，而柄一般都是木质的。这些穿孔石斧埋藏地下经历了数千年之久，木柄早已腐朽无存。因此，摆在考古学者面前的问题就是：穿孔石斧的柄到底是个什么样子？穿孔石斧和柄是如何结合在一起的？人们一时弄不清这个问题，以致以往的考古报告中常有将其误认为石铲的说法。

考古学上出现的疑难问题，往往需要通过长期艰苦的探索并寄希望于寻求考古新发现。

"众里寻他千百度，蓦然回首，那人却在灯火阑珊处。"青墩遗址出土的带柄穿孔陶斧，一下子拨开了笼罩在考古学者心头的迷雾，多年的考古之谜终于解开了。

这件带柄穿孔陶斧出自第10号探方的中文化层。泥质红陶制成，长18.4厘米，重70克。其大小估约为原物的四分之一，全器可分为器柄和穿孔石斧两部分，棒状柄的横截面为椭圆形，前粗后细，前端翘起，有浅槽可嵌入穿孔斧。槽后有三孔，可穿绳缚住穿孔斧使其固定在槽内。柄后端作半月形，并有三角形穿孔。弥足珍贵的是，这件带柄穿孔陶斧完全是比照带柄穿孔石斧，按照精确的比例精心制成的。从其比例的精确、整体造型和细部处处追求逼真效果的处理，如将其看成一件精美的史前泥塑工艺品，实不为过。尽管我们还不知道当时青墩人这件带柄穿孔陶斧的真正用意所在，究竟是玩具还是显示权势的象征，但仅就这件遗物本身而言，它是极其重要的考古实物资料。因为这件带柄穿孔陶斧制作非常逼真，虽然它并非广泛使用的实用工具，但确确实实为当时穿孔石斧的装柄方法及其柄部的具体形状，提供了令人信服的实物证据。也正因为青墩带柄穿孔陶斧所具有的极高的科学价值，它被定为国家一级文物（国宝），为南京博物院所珍藏。

近几年来，更有许多学者将这件有柄穿孔陶斧尊为“中华第一斧”，应该说这是实至名归的。

四、麋鹿角刻纹——神秘的刻画符号

在考古发掘中，各种类型和不同造型的遗物会给人们提供许多重要的古人类研究资料，而涂绘和契刻在遗物表面的图案与符号，除了直接反映当时人们的审美情趣和艺术特点及水平外，有时还会蕴涵着某种带有神秘色彩的古人类智慧。尤其是那些比较抽象的刻画符号，它们可能包含有很丰富的内容，比如它可能反映或记录了某种具体事物的符号和原始文字，也可能表示某种观念形态的东西，如与占卜有关的巫术，甚至是史前人类哲学思想的体现等。但隐藏在这些符号背后的真正含义，往往是很难一下子被人们所认识的。所以，在它们刚刚被发掘出来时，往往不能引起人们足够的重视。一般是经历了一段时间之后，经过一些专家的研究，才逐渐将那些鲜为人知的、隐藏得很深的古人类智慧的信息破译出来。

青墩遗址就出土了一些带有神秘刻画符号的遗物，考古发掘报告对这些资料作了客观、具体的报道。未承想，这些资料一经公布，很快受到国内一些著名专家学者的青睐。经过专家们研究，他们竟从中得出了许多让人意料不到且令人震惊的结论。

在学术界引起重大轰动性效应的有两件带契刻符号的鹿角枝。其一表面刻有11组平行的细画纹，每组三、五、六、九画不等；另一件刻画有五组平行线纹，每组四至五画，两组平行线纹之间有两组顶端相对的复道人字纹，每组也由四至五画组成。

要弄清这两件刻纹鹿角为何如此受到重视，那就要从著名的“安州六器”说起。我国北宋重和元年（1118），湖北安陆出土了一批（共6件）西周昭王时期的青铜器，北宋时安陆归属安州，故这批青铜器被称为“安州六器”。其中“中鼎”的56字铭文中的最后两字因字形奇特而被称为“奇字”。字形似由6个数字形符号组成，历经近900年竟无人识得。郭沫若曾认为是“中”的族徽（见《两周金文辞大系图录考释》）；唐兰则直言是我国已经遗失了的古代文字。

我国著名古史学家张政烺先生，于1978年11月在吉林大学召开的古文字学术讨论会上，作了题为《古代筮法与文王演周易》的报告。在此基础上，他于1980年发表了《试释周初青铜器铭文中的易卦》（《考古学报》1980年第4期），率先释读了这两个奇字，他认为“中鼎”上的奇字是由6个数字组成的重卦（易卦中的一种，易卦中包括单卦、重卦、变卦、互卦等不同类别）。张先生的这一创见，得到了学术界的高度评价。《易》学被认为是东方哲学思想的精髓，张先生的研究成果则是《易》学研究中最重大的突破。

当时，张先生还不知道海安青墩遗址出土的这批刻纹鹿角，在他原稿中并未涉及这批资料。海安青墩遗址发掘报告发表后，张先生随即发现契刻两件鹿角枝上的符号的形象特征，竟然和“中鼎”中的奇字有着惊人的相似之处。每一件的刻纹均由6个数字组成，同样也应属于易卦符号中的重卦。因此他随即在前述论文之后加写了《补记》，阐述了他的这一观点，指出“（这些符号）在易卦发展史上，应属早期形式，可以据此探索易卦起源地点问题”。

继张政烺先生之后，陆续又有不少专家学者就易卦的产生、发展和演变问题发表论文。1987年，在山东济南召开的国际周易学术讨论会上，凡论述到有关周易起源问题的，与会代表无不对青墩这两件刻纹鹿角表示出极大的关注。可以说青墩麋鹿角刻纹是目前最早的易卦实物资料，已为学术界所公认。

另外，南通博物苑徐冬昌先生也对该苑采自青墩的带刻画纹或锥点纹的鹿角枝，进行了深入的研究，也得出了这是“易卦的早期形式”的结论。

为什么易卦的最早实物会出自东部滨海地带的海安？此前人们已知这方面的早期考古实物资料主要为殷墟、周原的甲骨和西周早期的青铜器“中鼎”。殷墟是“盘庚迁殷”后的都城，根据最新公布的《夏商周年表》：盘庚在位为公元前1 300—前1 251年（共50年）；“中鼎”被定为西周昭王时器，其铭文开头为“唯王十一年……”据《夏商周年表》，周昭王十一年为公元前987年。而青墩出土的刻纹鹿角的下文化层为公元前4 000—前3 500年。与殷墟甲骨和西周“中鼎”间的时间跨度达3 000年之久。这其中到底是怎样的一种传承关系？其在时间上、空间上又是如何过渡的？这需要考古学者有更多的发现并作进一步的探索。

五、八角星刻纹——众说纷纭的神秘符号

青墩遗址出土的另两件刻纹陶纺轮，均出自遗址上层的17号墓葬内，系泥质红陶制成。一面刻有用细线条勾画出来的八角星纹。

八角星纹在我国广大地域内的新石器时代晚期文化中表现得较为普遍。如在大汶口文化、崧泽文化、屈家岭文化、凌家滩文化、樊城堆文化等许多遗址中常有发现。八角星纹有绘在彩陶器上的，如大汶口的彩陶盆形豆、大墩子的彩陶盆；也有雕刻在玉器上的，如凌家滩的玉鹰和刻在玉龟背甲与腹甲之间的玉牌。但出土最多的还是刻有八角星纹的陶纺轮。青墩出土的两件刻纹陶纺轮上的八角星纹形状和其他遗址所出土的基本相同，说明在意识形态上，这些遗址所代表的文化有相通之处。

对于八角星的含义迄今有多种解释，如太阳崇拜、史前织机、河图洛书、夏姓族徽、四面八方和四季八节等，众多考古专家学者见仁见智，各自说法不一……

此外，“五等分圆”、炭化稻谷、刻纹玉瑗、陶纺轮、酒器……还有许多神秘的重要发现，等待着人们去探索研究。

（王　炜　纪仲庆　王其银）

青墩陶器

青墩是个美丽的地方。一排排整洁的青砖瓦房，一片片绿油油的麦地，碧波荡漾的绿水环绕四周，一叶小舟不时从水面上漂过，偶尔惊起一两只水鸟，留下委婉清脆的鸣叫声……

青墩陶器的文化特质

青墩遗址的文化内涵实在太丰富了，厚厚的贝壳层、整齐的“干栏式”建筑、排列有序的氏族墓葬、大量的动物遗骸、成团的炭化稻谷、精美的玉石器和骨角器、造型各异的陶器、刻有“原始八卦”的麋鹿角……林林总总，真不知从何处谈起。但反映一个考古学文化的最基本的文化遗存应是陶器，那就从陶器谈起吧。

一、青墩遗址的年代

海安青墩遗址出土的文化遗物中，数量最多的便是陶器。陶器中除生活用品外，大量的是随葬品。对于出土陶器的研究，首先需要解决的是年代问题。

判断文化年代的基本方法，目前主要采用的是考古学的分期断代和碳14年代测定。

青墩遗址在发掘中，根据地层的堆积情况，共分为六层，其中第三至第六层为新石器时代文化层，发掘报告中将其分为上、中、下三个文化层，即第三层为上文化层，第四层为中文化层，第五、六层为下文化层。由中国社会科学院考古研究所测定的碳14年代数据有两个：中文化层，距今5 015±85年，树轮校正年代为5 625±110年；下文化层，距今5 035±80年，树轮校正年代为5 645±110年。纪仲庆先生在发掘报告中认为："这两层文化面貌有较明显的差异，不可能早晚只相差20年，其中至少有一个数据有较大的误差。"

在龙虬庄遗址发掘之后，发现青墩遗址所测定的年代数据并无太大的误差，基本与青墩遗址的下文化层和中文化层的实际年代相符。通过横向比较，青墩遗址下文化层所出土的陶器，如内壁出錾的陶釜、陶三足盉等，在龙虬庄遗址的第四层中即有发现。龙虬庄遗址分为八层，第四至第八层为新石器时代文化层，龙虬庄遗址的第八、第七层为第一期，第六至第四层为第二期，另外在龙虬庄遗址的东部边缘还发现晚于第四层的文化堆积，即龙虬庄遗址的第三期。也就是说，青墩遗址的下文化层与龙虬庄遗址的第二期年代相当；再从青墩遗址的下文化层与中文化层的比较中不难看出，两者的陶器也不存在明显的差异。从地层学的逻辑关系来看，下文化层的相对年代比中文化层要早，但是从绝对年代来看，下文化层与中文化层应该是一致的，即同属于一个文化年代。参照龙虬庄遗址，青墩遗址下文化层不应早于距今6 000年，中文化层也不应晚于距今5 500年。也就是说，青墩遗址的下、中文化层可以合并为同一期，其年代大致距今6 000年至5 500年；而上文化层的年代则与龙虬庄遗址的第三期相一致，大致可定为在距今5 500年至5 000年之间。

二、青墩陶器的文化因素

青墩遗址在江淮东部有着极为重要的地位，尤其是遗址的发掘在江淮地区有着划时代的意义。

江淮地区是全国最早发现新石器时代遗址的地区，早在1950年，人们即发现了淮安青莲岗遗址。之后在江淮地区又陆续发现了淮安茭菱集、阜宁梨园、高邮龙虬庄等重要的遗址。但是很多年来，人们对江淮东部地区的原始文化面貌始终没有一个清晰的认识。直到青墩遗址发掘之后，人们才第一次目睹了令人惊讶的江淮东部地区原始文化的风采，也第一次认识了江淮东部的原始文化。青墩遗址出土的文化遗物，无论是陶器、石器，还是玉器、骨角器，器形是那样的先进，工艺是那样的发达；同样，出土的大量动物骨骼、动物标本也表明江淮东部地区的原始先民有着发达的渔猎、采集、饲养和稻作农业经济。尤其重要的是，在青墩遗址的陶器中，既有江淮地区的文化因素，又有长江以南的宁镇地区和太湖地区的文化因素，表明江淮地区的原始先民在其自身的发展过程中，曾与长江以南的先民不断地发生过交往。

在对青墩遗址的陶器进行文化因素的分析之后，可以看出，在青墩遗址的中、下文化层中，宁镇地区的文化因素较多，而上文化层中，太湖地区的文化因素则较多。

在青墩遗址的下、中文化层中，许多陶器与宁镇地区的相一致，如三足折腹罐、口沿外侧涂红彩的碗、高柄杯、深腹筒形匜、钵形匜、高圈足壶等；除陶器外，两者的石器也非常一致，如舌状穿孔石斧，长方形或长条形石锛、石凿，方孔或椭圆形孔的“风”字形石钺、多孔石刀等。而进一步分析，可以发现一个有趣的现象，即青墩遗址的陶器与宁镇地区常见的陶器，如鼎、豆、罐等，在造型上却存在着较大的差异。再从两者相同的器类来看，石器都是宁镇地区的常见器形，陶器在宁镇地区则无渊源可寻；同样，石器在江淮地区也无渊源可寻，而陶器在江淮东部却是较常见的器形，并且明显有着从第一期发展到第二期的承继关系。换言之，可以这样认为，宁镇地区向江淮东部地区输入石器，而江淮东部地区则向宁镇地区输入某些特殊的陶器，两者之间呈相互交流状。

然而，在青墩遗址的上文化层中，却出现了另外一种情形。首先是宁镇地区的文化因素急剧下降，而太湖地区的文化因素明显上升；在青墩遗址中，可以见到太湖地区常见的陶器、石器和玉器，尤其是墓葬中随葬太湖地区常见的兽面纹琮形玉器、贯耳矮圈足陶壶、圆形间三角形镂孔的大圈足陶豆、高领陶壶、花瓣足陶杯，甚至在炊器中出现了太湖地区常见的折腹罐形陶鼎或盆形陶鼎、深腹筒形陶釜等。可以看出，太湖地区各种文化因素对江淮地区的渗透不仅进入生活、生产领域，而且已进入意识形态领域；再反观太湖地区，我们很难见到江淮东部的各种文化因素。可以这样认为，太湖地区与江淮地区的交流是单向的，即两者之间呈单向输入状。

再从文化发展的态势来看，在青墩遗址下、中文化层时期，江淮地区与宁镇地区呈现出相同的发展水平，所以两者之间的相互交流是双向的，是平等的；而到了青墩遗址上文化层时期，太湖地区已发展成为强势文化，强势文化向弱势文化输出，相互之间的交流呈单向输出和输入状，也就成为必然。

文化交流实际上是由经济上的贸易关系产生的，原始社会的发展过程同样表现出强势经济文化区向弱势经济文化区输出的流向。在江淮地区出现的不同时期宁镇地区和太湖地区文化因素的消长，恰好反映了江南宁镇地区和太湖地区原始文化由繁荣至衰亡和由平稳发展至逐渐强盛的过程。至于江淮地区与江南地区原始先民相互交流中的贸易过程、贸易渠道和等价关系等，显然应成为今后研究的重要课题。

三、青墩陶器的文化特性

以上分析并不是说以青墩遗址为代表的江淮地区没有自身的文化特征，而是在分析了外来文化因素之后，才能更清晰地看出江淮东部所特有的文化面貌和文化特征。

青墩遗址出土的陶器中，具有明显地域特征的陶器显然是青墩文化遗存的主体。虽然在不同时期不同程度地出现过江南宁镇地区和太湖地区的文化因素，但是江淮地区的文化因素在青墩遗址中还是占有绝对量的一半以上。因此，青墩遗址的主要文化内涵还是以江淮东部的文化遗存为主，青墩遗址的文化遗存可以作为距今6 000~5 000年的江淮地区原始文化的代表。

根据青墩遗址出土的陶器，可以归纳出以下几点具有代表性的特征：

第一，陶器中有一些为模型器，尤其令人瞩目的是陶斧模型。陶斧的器形与宁镇地区和江淮东部地区常见的舌状穿孔石斧相同，但是陶斧有柄，根据陶斧的形态，可以了解原始先民在使用石斧前是如何装柄的。青墩遗址的陶斧出土之后，立即引起许多学者的关注，因为石斧是我国原始社会中最常见的生产工具，而在此前的考古发掘中出土的石斧都没有木柄，主要原因是木质器物在埋入泥土中数千年后多已腐烂。石斧的装柄虽然是考古学研究的课题，但也涉及民族学、民俗学、物理学等其他学科。青墩遗址陶斧模型的出土基本上解决了困扰学术界多年的“石斧装柄”这一学术课题。

第二，在青墩遗址出土的一件陶豆的圆形柄上，刻有一圈两方连续的图案，令人瞩目的是这圈图案分为五组，而且每组均为等距。在原始社会中，器物上的装饰图案一般为两组、三组或四组，亦即二等分圆、三等分圆或四等分圆，而五等分圆显然要比二、三、四等分圆复杂得多。青墩遗址的陶豆圆形柄是我国第一次发现的五等分圆的实例，代表我国原始社会史上数学或几何学研究的最高水平。

第三，水器也是江淮地区的一大特色。在青墩遗址中，尤其具有地方特征的是陶盉和陶匜，无论是从器物的造型还是从器物的使用功能上来看，都是同一时期诸考古文化中的佼佼者，代表了这一时期的最高水平。

第四，炊器中的陶鼎，尤其是江淮地区特有的带盖罐形鼎，从器身到鼎足，无不透出一种特有的灵气，无不呈现出一种水乡原始先民的审美情趣。

第五，陶器的装饰也同样颇具地方特色，尤其是青墩遗址出土的许多夹砂陶器上都有形态各异的附加堆纹和手捏纹、手捺纹，附加堆纹有弯曲的条形、圆点形等，手捏纹有花边形、花瓣形等，手捺纹既有捺窝形，又有浅槽形等。

如今，江淮地区已发现的新石器时代遗址已不止一个青墩。在发掘青墩遗址之后，又先后发现或发掘了海安吉家墩，东台开庄，兴化王家舍和南荡，高邮龙虬庄、唐王墩、周邶墩，姜堰单塘河，宝应水泗，阜宁陆庄、梨园、停翅港等。目前除龙虬庄外，发掘面积最大的便是青墩遗址。

（张　敏）

陶纺轮·八角纹·滕花和花勝

在大约七八千年前，处于新石器时代的人类的祖先，进入原始农业的阶段，开始了定居的生活，产生了衣着的需要，出现了最初的纺织技术。

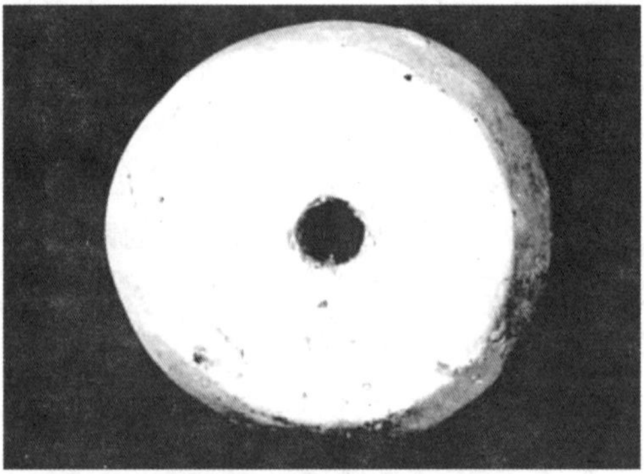

图1 青墩遗址出土的陶纺轮

全国已经知道的新石器时代的遗址，有六七千处，只有一部分经过考古发掘。江苏有近300处，其中近100处已经被发掘。通过出土的遗迹遗物，我们对这种原始的纺织技术，已经有了一个初步的了解。它们主要由两个部分构成：一个是捻线的纺轮和捻杆，另一个是由一些零部件组成的织机。

纺轮是和捻杆配合起来使用的，快速地捻动捻杆和纺轮，使它们旋转，把动、植物纤维捻成线，缠绕在捻杆上。由于捻杆和织机都是木制的，地下不易保存，所以我们不能十分完整地了解到当时的情况，现有的认识基本上是结合了民族学调查到的材料，探索归纳而成。

纺轮的质地，已知有石质、骨质、陶质和玉质，以陶纺轮为最多。它的形状有圆形、球形、锥形、台形、蘑菇形和齿轮形，以圆形为最多。

青墩遗址遗物距今5 000多年。南通博物苑曾经试掘，出土的有素面的陶纺轮（图1）。南京博物院在1978年、1979年进行过两次正式发掘，出土陶纺轮14件，泥质灰陶，多数为素面，2件有八角形刻画纹。高邮龙虬庄遗址，距今7 000年，出土陶纺轮92件，都是素面的。江苏邳县、武进的遗址，也都出土过具有八角形刻画纹的陶纺轮（图2）。其中1件的另一面，是四角形纹（图2–2），每只角由两片对称合成，角端扁平而大，很值得注意，下文还将提到它。

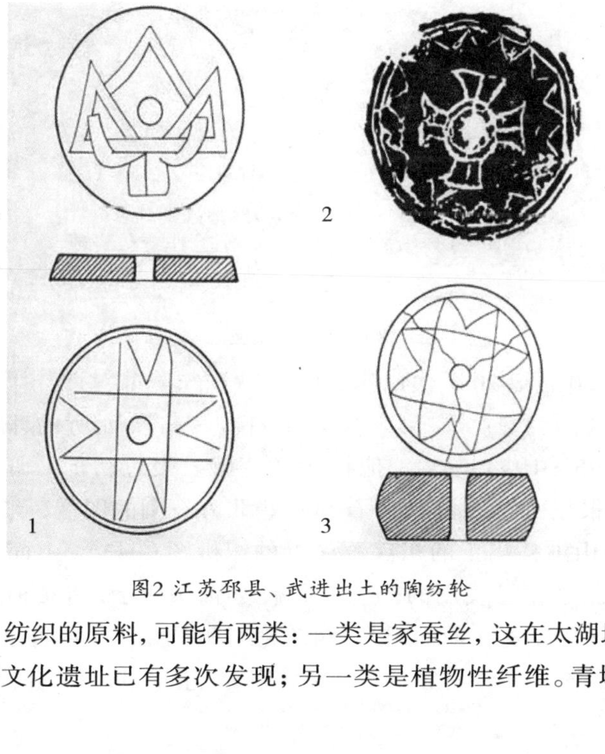

图2 江苏邳县、武进出土的陶纺轮

纺织的原料，可能有两类：一类是家蚕丝，这在太湖地区良渚文化遗址已有多次发现；另一类是植物性纤维。青墩遗址有荨麻科的遗存出土，它可能是苎麻属，分布在淮河以南地区，秆茎纤维可以织布，嫩叶可以作为饲料养蚕；也有可能是野生葛，苏南吴县草鞋山遗址曾出土用野生葛织成的布块。

浙江余姚的河姆渡文化遗址，距今7000年，出土过原始织机的构件，它们包括经轴、提综杆、打纬刀和卷布轴。

利用这种织机，怎样操作而织出布来呢？

西汉淮南王刘安（前179—前122）在他主编的《淮南子·汜论训》中是这样叙述的："伯余之初作衣也，緂麻索缕，手经指挂，其成犹网罗。后世为之机杼胜复，以便其用，而民得以掩形御寒。"

现在我们来着重探索陶纺轮上的八角纹。它象征着一个什么事物呢？

图3 江苏铜山出土东汉画像石上的织机图

20世纪40年代以来，有一些考古学家对此作了一系列的研究和探索。第一位是中科院考古研究所的郭宝钧（1893—1971）先生，他在1949年就发表过初步的研究成果。根据一些东汉画像石和一些北方石刻的图像，例如江苏铜山洪楼出土的东汉画像上的织机图（图3），上面那根横轴，是卷经线用的，它的两端，如箭头所示，有类似银锭形的东西，这在前面图2的陶纺轮3上也可看到。它叫什么名字呢？根据东汉许慎的《说文解字》，它叫"縢"："縢，机持经者，从木，朕声。”清代段玉裁（1735—1815）《说文解字注》引《三仓》说：“经所居，机縢也。”

这一类的图像资料已出土不少。郭宝钧据它们绘出了复原图。叫它“縢花”，为卷经线的横轴的两端，是用来控制横木运转的一种结构。

对“縢”进行研究的，还有台湾学者邹景衡、日本京都大学教授小南一郎等，他们都有研究成果发表。

集这些成果大成的，当属著名作家沈从文（1902—1988）先生的专著《中国古代服饰研究》。他对河姆渡遗址出土的织机构件进行了复原性研究，并绘制了相关的结构和原理图。在他绘制的图中，“縢”的图形也和本书图2陶纺轮上的图形相似。把它稍稍细分，就是八角形纹。

沈先生又引用了清代蜀锦织机图（图4），它的形状则和陶纺轮上的八角形纹完全相同。

图4 清代蜀锦织机图

我们现在再完整地引述段玉裁《说文解字注》，关于“縢”转变成“勝”（今简化为胜）及其相关的问题：勝者，縢之假借字。戴勝之鸟，首有横文似“花勝”。故郑云“织纴之鸟”。《小雅》云“杼轴其空”，即轴也。谓之轴者，如车轴也。俗作柚。谓之縢者，其任也，任正者也。《说文解字》对“勝”的解释是：“勝，任也。从力，朕声。”就是说“縢”从木，“勝”从力，都是读“朕”音，但是已经从名词转变成动词了。是说从事者能胜任这一件正正经经的大事了。这一切转变都发生在汉代。

我们想问：一件用具怎么转到人(主要是妇女)的头上去了呢？它在图像上是表现成什么样子呢？为什么要跟一种名叫“戴胜”的鸟儿联系上呢？

段玉裁这段话中引“郑”云织纴之鸟，“郑”指郑玄（127—200），即郑康，是东汉时代的大学者，他说鸟的头上顶着一种东西，是横形的，像“胜”（即“勝”），为什么像“胜”的东西要顶在头上呢？

最早的文献记载见之于韩婴的《韩诗外传》。据司马迁《史记》卷121《儒林列传·韩生传》，韩婴是西汉时燕人，汉文帝时为博士，汉景帝时担任过常山王刘舜的太傅。在《韩诗外传》卷2《楚狂接舆躬耕以食》章，讲了接舆的一个故事。接舆是楚昭王（公元前515—前489）时代的一个隐士，《论语·微子》称他为“楚狂接舆”，孔子想和他说话，他都走而避之。《韩诗外传》说他耕田种地维持生活，楚王派使者带着“金百镒”（镒，古代重量单位，20两或24两为一镒）要他去治理河南，他笑而不应。使者得不到回话而返。他的妻子知道他没有受命，就说不服从是不忠，服从了是不义，赶快逃走吧。“乃夫负釜甑，妻戴纴器”，改名换姓，远避他乡。接舆背着煮饭的锅甑，妻子顶着织布的纴器而走。这“纴器”是什么呢？《说文解字》释：“纴，机缕也。从系，壬声。”段玉裁解释说：“蚕曰丝，麻曰缕。”缕就是线；“机缕”，合丝、麻而称之。纴就是丝、麻线，“纴器”就是捻线的工具，就是纺轮带捻杆了。戴着纴器，就是在头上插着纺轮和捻杆。

清代大学者钱大昕（1728—1804）的弟弟钱大昭(1744—1813)的儿子钱绎，为扬雄（公元前53—公元18）《方言》撰《方言笺疏》，说“古者妇人任器，行则戴之”，就是《韩诗外传》所记接舆“妻戴纴器”的事，转引《御览》所引《考异邮注》云：“纴而戴之，明趣（同‘去’）时急也。”“胜所以缠纴，故亦名‘戴胜’。”这样笺疏古文，就是把现象提升为一种行为的规律了（见《方言笺疏》卷8《戴鵀》条）。

和春秋时期接舆妻子头戴纴器的故事所描述的头饰大致相仿的，就是《山海经》记西王母的头饰。《山海经》有三处描述西王母“蓬发戴胜”，在东汉画像石中，我们可以看到不少此类图像。

早期文献中，《礼记·月令》记季春之月（三月）“鸣鸠拂其羽，戴胜降于桑”，提到了有一种鸟叫“戴胜”，郑玄叫它为“织纴之鸟”，扬雄《方言》列举了9种名称：“自关而东谓之戴鵀，东齐、海、岱之间谓之戴南，南犹鵀也。”“或谓之戴胜。”《尔雅·释鸟》也叫“戴鵀”，注“鵀，即头上胜，今亦呼为戴胜”。段玉裁说它头上“有横文似胜”。

明人王圻、王思义父子编绘的《三才图会》，有戴鵀图（图5）。现代生物学鸟类学家对戴胜的记录是：戴胜，全身棕色，头上

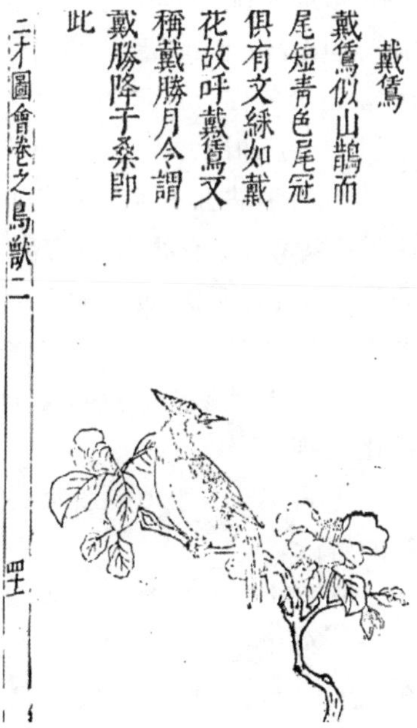

图5 《三才图会·戴鵀》

有长羽冠，在长江以北为夏候鸟和旅鸟，在长江以南为留鸟。体重只有60～80克，翅长130～150厘米。受惊、鸣叫、在地上觅食时，冠能耸起，所以它的头冠引人注目。

这样，我们就可以联想，古人何以容易把戴胜的头冠和妇女头上的饰物相联系了。他们甚至给了它一个专名，这个专名也为今天的鸟类分类学专家所接受了。

妇女头上的"胜"大抵有三种名称：一叫"花胜"。汉代就有这个名称。刘熙在《释名·释首饰》中说："华胜：华，象草木之华也；胜，言人形象正等，一人著之则胜，蔽发前为饰也。"南朝宗懔（499—563）《荆楚岁时记》引贾充李夫人典戒说"华胜起于晋代"是失考了。一叫"玉胜"。前引武梁祠画像题榜作"玉胜"。郭璞（276—322）注《山海经》说："胜，玉胜也。"郝懿行（1757—1825）注《山海经》说："郭云玉胜者，盖以玉为华胜也。"《后汉书·舆服志》云："簪以瑇瑁为擿，长一尺，端为华胜。"汉代已有此名称。一叫"金胜"。唐代祥瑞铜镜上有"金胜同心"的文字和图形。

作为考古工作者，我们可以作一个归纳：新石器时代遗址、墓葬中，有很多石刀出土，它们当为男人耕作时使用的生产工具，后来演变为玉刀，成为祭祀中使用的礼器；许多出土的纺轮，当是女性纺织时使用的生产工具，后演变为妇女头上的装饰。这也是社会劳动分工在男耕女织上的物化表现。

考古出土文物中，还见另外一种八角纹，学者们又有了新的解读。

1987年，在安徽含山县凌家滩5 000年前的墓葬中，出土过一件玉龟和一种玉版（图6）。两者都有不等数量的凿孔，出土时可以知道玉版原是置放在玉龟壳中的，那些钻孔显示，它们可能悬挂在一个场合中或佩戴在人的身上。玉版刻同心圆两个，外圈刻八片大叶纹，内圈刻八角纹，和陶纺轮上所看到的图纹几乎一模一样。

图6 安徽含山凌家滩墓葬出土的玉版

天文史专家陈久金认为，刻纹与神、太阳、山川有一定关系，是原始的八卦图形。这个解说得到香港中文大学饶宗颐（1917— ）教授的首肯。这可能就是“河图洛书”的实物证据。

《尚书·顾命》传：河图八卦者，伏羲氏王天下，龙马出河，遂则其文，以画八卦，谓之“河图”。

《尚书·洪范》传：天与禹，洛出书，神龟负文而出，列于背有数至于九，禹遂因第之，以成九类，常道所以次叙。

再联系到青墩出土的鹿角，上有数字刻纹，可以认出是两组数字（图7）。北京大学张政烺（1912— ）教授释为原始卦文中的“遁”和“归妹”两卦，并认为中国最古的传统文化的根源，可以从发现的这个地区去寻找。

需要特别指出的是，以上这些考古发现，大体上都分布在长江下游的江淮之间、江南太湖流域和钱塘江入海口之间。

图7 青墩出土的鹿角

四五千年前的良渚文化遗址，以大型祭坛为中心，十分密集地分布在太湖地区。北京大学考古学教授苏秉琦（1909—？）先生认为，这一地区升起了中国最早的文明的曙光。

这些陶纺轮，不过是一些小小的、大不过盈寸的、用泥巴烧制成的东西，从它们的八角形刻纹开始，从这种类似图画、文字的符号里，却向我们后人透露出了至关重要的历史的、科学的、文明的乃至美学的信息，这些信息对于我们来说，无疑是一件石破天惊、振聋发聩的大事。

正因为我们对人类、对我们失落的远古文明，包括原始文明中的纺织技术的具体情况所知不多，这些信息的价值和意义都是十分重大的。

（梁白泉）

红陶鬶、“二流壶”与灰陶高足杯

青墩遗址出土陶器种类很多，我们对其中的绝大多数都能看出它们的实际用途，只有两样东西不太明白，这就是红陶鬶和二流鸭形壶。

红陶鬶高27厘米，鬶口直径10.5厘米，鬶足高4厘米；侧面带半环形耳把，耳把下附着点与一环壶纹相接；鬶口对应耳把的外侧凸出形成一个鸭嘴形流汁外泄口——与圆形鬶口组合成一个汤勺儿状的曲面。这只红陶鬶造型奇特，质地精良，极具观赏性，堪称一件精美的工艺陶制品。

二流鸭形壶器形偏小，整体看像只刚孵化出壳的小鸭；上部对称性地开着两个圆口，一高一低，显然是贮泄液体的器皿。所以考古专家们把它命名为二流鸭形壶。

红陶鬶与鸭形壶的用途一直是个谜。红陶鬶在大汶口文化和龙山文化遗址中曾有出土，人们认为它是种炊器。但炊器中譬如釜、罐、碗之类的，都有明确的实际用途；而鬶是用来干什么的，一直不清楚。但有一点可以肯定，由于鬶口小，鬶腹深，且容量不大，不可能用来蒸煮鱼肉之类的东西。鉴于专家们考证青墩遗址曾出土炭化稻谷，并据此论证青墩古人已具备良好的稻作水平，且是偏粳型稻，人们似乎可以推测陶鬶有可能是用来蒸煮稀饭的炊器。《说文解字》对陶鬶的解释比较模糊，说它是一种“三足釜”。但从陶鬶足高只有4厘米来看，似乎又不具备烧烤的空间。再说，以陶鬶的容积，即便煮一鬶稀饭也不够一人吃的。因此这种推测也难以成立。

那么，陶鬶到底是用来做什么的呢？一次偶然的探访，有人找到了揭开谜底的途径。

2004年秋天，海安有人去南京博物院探访时为南京博物院考古研究所所长、当年曾参加青墩遗址发掘的张敏先生。张带他们参观青墩遗址出土的部分文物，众人在见识了不少已从相关资料中获知的陶器、玉器而赞叹不已的时候，突然看到一只小巧的灰陶高足杯。那杯高10厘米左右，口径比乒乓球大不了多少，足部像只倒扣的小杯，着地部分直径更小些,整体看极像是今天的酒杯。当时有人脱口而出："张所长，这好像是只酒杯。"张所长略一沉吟，说："对，很可能是酒杯。"那人说："青墩古人当时会酿酒吗？"张敏思考一番后回答说："完全有可能。青墩古人种植水稻，当年发掘时见到了炭化稻谷，且是偏粳型稻，这种稻米煮熟吃剩后会发酵，流出的汁水，甜滋滋的，有酒香。久而久之，青墩古人就有可能掌握稻米发酵技术，进而有意识地做米酒……""这么说，海安博物馆珍藏的那只陶鬶会不会是酒器？"问者很快从随身携带的包里找出陶鬶的照片让张所长辨认。张所长接过照片仔细端详后认真地说："有可能。这陶鬶下部有三足，虽然不高，但可以放在烧过的木炭上温酒——米酒必须烫热了才好喝；也可能是做酒过程中使用的容器……"

那人豁然开窍，青墩古人制作的陶鬶是用来温酒或作贮酒的容器。又想起二流鸭形壶，便继续向张所长请教。张所长说："'二流壶'从器形大小看也应该是一种酒器，它的功能和酒杯差不多，所不同的是两个人喝——也有一种"三流壶"，那是供三个人喝的……"张敏怕听不明白，便详细解释了"二流壶"与"三流壶"的用途。

他说古代氏族酋长们聚会，除了以鱼肉款待外，用自己做的酒招待客人是最高的礼遇。为了避免猜忌，待人以诚，同喝一壶酒是最好的办法。于是他们制作"二流壶"、"三流壶"，两人相会时用“二流壶”，三人相会时用“三流壶”，这样同喝一壶酒，各喝各的壶口，既卫生又免去怕人下药的疑虑……

后来，去南京的海安人知道海安博物馆也藏有一只青墩出土的灰陶高足杯，便让博物馆的同志将杯取出来量了一下尺寸，果然，那杯高10厘米，口径8厘米，底部直径6厘米，几乎和在南京博物院的那只杯完全一样。于是，大家完全认同张敏的分析：陶鬶、“二流壶”和灰陶高足杯都是酒器，青墩古人已掌握了做米酒的技术，并已在很大范围内养成饮酒习惯。

那么，原始米酒是怎样酿制的呢？这里不妨探究一下如皋海安（简称如海）人至今保留的一种古老饮食习俗，那就是做“江糟”[1]、吃“江糟”。如皋白蒲人最善于做“江糟”，几乎家家户户都做；海安人做“江糟”则似乎有更久远的历史。这种用糯米加“酒药子”发酵做的东西大人小孩都喜欢吃。其制作方法很简单，先将糯米用水浸泡2~3个小时，然后把浸过的米从水中捞出，放在锅内蒸熟，冷却后再用水洗洗，让米粒散成珠状，爽水后放在陶罐里加上酒药子焐起来发酵，过段时间就可以食用了。

从这种土制“江糟”的办法，可以模拟，推测古人是怎样使用陶釜、陶鬶等器皿做酒和饮用酒的。人们设想古人通过陶釜（蒸煮）预处理偏粳型稻米，用大些的陶器焐制出“江糟”，再用骨勺儿伸进“江糟”中间的酒窝将酒兑出装进陶鬶贮存（冬天可以加热），给客人或自己斟酒时则握住鬶把，让鬶侧身倾倒，这样非常有利于米酒注入“二流壶”之类的酒壶、酒杯（鬶口用东西阻滞则可以隔开可能存在的米渣）——于是宾主就可以顺畅地喝到上好的米酒了。有人猜想，青墩古人用偏粳

[1] 江糟，学名“酒酿”。因糯米和偏粳型稻米原产于长江流域，北方人便将糯米和粳米称为“江米”，用这种米做的米酒叫“江米酒”，方言俗称“江糟”。

型稻米制作的米酒，很可能就是今天如海人所做的“江糟”的前身。当然，只有最尊贵的人才这样考究地品尝米酒，而一般人则将米渣和酒汁一块儿吃了。

如今如海人仍喜欢饮用“江糟”，可见这种土制米酒好喝。难怪青墩古人要精心制作陶鬶、“二流壶”和高足杯来做贮酒、温酒和饮酒的器皿了。

大量史实证明，人类在生产生活过程中，最善于将人类自己最喜欢最钟爱的东西传承下来。特别是当人们发现饮酒能使人亢奋，并有益健康后，便把制酒饮酒当做一种延年益寿的举措来倡行。《诗经·豳风·七月》有句：“八月剥枣，十月获稻，为此春酒，以介眉寿[1]。”这是最好的证明。于是老少皆宜的饮酒活动，经过千百年传承就不断改良演绎成了日益兴盛的酿酒业——而今天海安人酿造的“糯米陈酒”、“冰雪酒”、“品王酒”和“青墩古酒”，则似乎显得特别源远流长。

饶有趣味的是，古人因陶鬶可以温酒而将其纳入炊器颇有一定的道理。因为在远古时代，米酒的制作仅限于有稻作农业的原始部落，且制作过程从属于炊事活动（特别是用炭火温之），并没有形成独立的酿酒行为，在这种状况下，便把陶鬶列为炊器；而千百年过去，随着酿酒业的兴起并独立成为一种专门的生产活动，人们在追溯、研究酿酒的原始行为时，陶鬶在现代人眼中就应该是一种酒器，其作用类似于今天的酒壶或用来烫酒的器具。

这样看来，陶鬶纳为炊器的出处和说它是酒器的缘由，似乎都解释得通了。

（王其银）

[1] 介，求的意思。眉寿，即长寿。人老时眉上有长毛，叫“秀眉”，所以称长寿为“眉寿”。

灰陶高足杯的考古价值

多年前，南京博物院考古研究所所长张敏曾就青墩遗址出土红陶鬶、二流鸭形壶与灰陶高足杯作出青墩古人早在5 000多年前就开始酿制米酒的判断。这一判断的提出，当时有人赞同，有人怀疑，但不管怎么说，那只灰陶高足杯实在太像今天人们使用的酒杯了，而且该杯除了用来存放量少味美的液体外，别无他用，因此赞成张敏判断的还是占大多数。大家都认为，根据在青墩遗址出土大量炭化稻谷——进而证实青墩古人生活中存在稻米过剩的情况，青墩人完全有可能在5 000年前就开始制作米酒，因而那只灰陶高足杯（现藏海安博物馆）、二流鸭形壶和红陶鬶的用途找到了最合理的解释。

历史常有惊人的相似之处。青墩遗址的重大发现有时需要其他相近遗址的发现来加以印证。无独有偶，1984—2001年，主持河南舞阳贾湖遗址历次考古发掘的中国科技大学科技史与科技考古系的张居中教授，带领中国考古学家在遗址中发掘出大批陶器。在那些9 000年前的16个陶器皿碎片上，留有一些被怀疑为酒的沉淀物。为了弄清这些沉淀物的真相，从1999年开始，他们将部分陶片样本提供给参与考古的美国专家请求帮忙化验。一直从事世界酒史研究的美国宾夕法尼亚大学教授帕特里克·麦克戈文，不仅很快化验证明这些样本中确实含有酒的成分，而且很快破解了中国河南舞阳贾湖遗址出土的9 000年前的古酒残渍配方。2004年12月，张居中教授和麦克戈文合作得出的这项古酒研究成果，发表在美国《国家科学院学报》上，确认舞阳贾湖遗址出土陶器上的残渍含有酒类饮料的沉淀物，从而将人类酿酒史提前到了9 000年前，也使贾湖遗址成为目前世界上已发现的最早酿造酒类的古人类遗址。

贾湖遗址地处淮河上游，与海安青墩遗址直线距离很近。面江临淮的青墩古人早就熟悉水的习性，而水上漂移是远古人类最早掌握的交通手段。如果从河南舞阳贾湖一带的淮河扎筏漂流下行，则可以很快到达江淮东部地区。况且，远古时代的青墩古人极有可能是从中原地区追江赶海迁徙而来（部族纷争、追逐猎物等都有可能形成大范围的迁移）。如果说地处淮河上游的贾湖古人早在9 000年前就掌握了酿酒技术，那么地处淮河下游、面江滨海而居的青墩古人，也不至于3 000年后还不能酿出米酒。很显然，南京博物院张敏所长的判断是正确的。

红陶鬶、二流鸭形壶的器形在其他新石器遗址也有发现，并且也有可以解释的用途，姑且不论；还是让我们来仔细观察一下灰陶高足杯。

灰陶高足杯，高10厘米，口径比乒乓球略大些；杯足像只倒扣的小杯，着地部分直径更小些，整体看与今天的酒杯外形极相似。或者说，今天人们常使用的酒杯就是从灰陶高足杯脱胎嬗变而来！

因此，可以比较肯定地确认，青墩遗址出土的灰陶高足杯的确是饮酒的器具，是5 000年前青墩古人品酒的酒杯。

酒杯确认了，青墩古人在5 000年前就能酿酒也就毋庸置疑了。令人瞩目的是，河南舞阳贾湖遗址发现的残留酒渍的陶器仅是酿酒、盛酒的器具，并未发现像青墩遗址灰陶高足杯这样精巧雅致的酒杯，应该说，灰陶高足杯是青墩古人在当时原始生产水平下制作精美陶器的最好实证。或许有人用今天的眼光审视这只杯以为很粗糙，其实在5 000年前，在古人制作陶器能力还不是很强的情况下，能够通过自己的想象力和创造力制作出这样的灰陶高足杯，就已经极具智慧与创造力了。

不可否认，孤立地看灰陶高足杯也许还显单薄，但如果像张敏所长那样将灰陶高足杯与二流鸭形壶、红陶鬶一起联系起来综合研究，就会发现青墩部落的原始生活已经步入当时较高的生存状态了。人们可以遐想，青墩古人渔猎采集、种植原始水稻，已有了食品的过剩，特别是稻米的过剩，将过剩的稻米进行二次加工，生产制作米酒，用来招待客人——那只二流鸭形壶可以佐证，那是部落酋长相会，为取信对方共饮一杯酒的器具；至于红陶鬶，则是天冷时将酒装在里面放在木炭上烫酒的容器。于是篝火熊熊，鹿肉飘香，河鳞、海鲜装在陶豆、陶釜里一一呈上；部落酋长们尽情品尝野味，喝着新酿制的米酒……

灰陶高足杯与二流鸭形壶、红陶鬶的组合为我们展示了青墩古人饮食文明的一大进步。如果我们再将其与青墩古人制作的有柄穿孔陶斧、红陶杯，以及被易学家们认定是中国易学起源的初始符号的刻纹麋鹿角一起仔细分析研究，我们就会发现青墩古人的精神追求已经进入相当高的境界。

一个能够在5 000年前制作灰陶高足杯并用来品酒的部落，经过江风海涛的熏陶，怎能不滋生出璀璨夺目的青墩文化？而如此灿烂的青墩文化，又怎能不激励后辈子孙去传承并发扬光大？

有消息说，贾湖遗址发现的9 000年前古人酿酒的配方后来出了意外。那位美国专家麦克戈文先生破解贾湖遗址出土的古酒残渍配方后，很快联手美国特拉华州的“角鲨头”酿酒厂，仿制出一种新款啤酒，招摇上市……于是，中方提出交涉，但双方的约定限于已经公开发表的论文，作者享有著作权和版权，而没有协议事先约定商业活动方面的内容，因此任何人都可以利用这一成果进行商业活动，美国酿酒厂的举动“不构成侵权”……

就这样，被誉为“人类酒鼻祖”的河南舞阳贾湖遗址痛失了中国达9 000年的古酒配方！

据目前情况所知，青墩遗址是我国最早发现人类饮酒器具的新石器遗址，灰陶高足杯具有不同寻常的意义……

（王其银）

青墩“韩瓶”、“宋碗”

青墩遗址的久远历史和璀璨文明已为众多考古学家所认同。但有的考古学家认为，青墩文明在全新世海侵后消失了，泯灭了。换句话说，就是在海水上涨、江淮东部大面积海侵后，青墩文明没有得到延续，以致后来很长历史时期内成了“一片空白”。

事实果真如此吗？答案是否定的。

人们知道，被誉为“探揭青墩遗址面纱第一人”的邱丰，不仅在青墩遗址发现之初作了大量考古探索，而且还自始至终参加了青墩遗址的考古发掘。他与南通博物苑的陈兰英在1977年11月24日的青墩南河工地上发现过一个宋代“韩瓶”与撇碗，器物保存非常完好。可在当时，由于大家都将注意力集中在北边青墩新河出土的大量文物上，没有人对此进行仔细分析和研究，因为“韩瓶”和“宋碗”相对于新石器文物而言，并不珍贵，加上在海安其他地方也时有发现，因此未引起足够重视。可我们回过头来仔细想想却不能否认，在全新世海侵后，青墩及其附近地区不久又重新成陆，且又有人居住了。

南通博物苑的徐治亚先生在《揭开上古海陵的神秘面纱》一文中，曾对上古海陵的地理变迁进行过论述，他认为“上古海陵原是今泰州以东姜堰、曲塘、海安，直至北凌一带的古海岸沙岗及其北边的滨海平原构成，它是所谓扬泰岗地的延续。在三四千年前一次海侵中，还曾形成一个南有大海、北有泻湖的海滨沙岛——长泽州，其岛上最高处达7~8米，故有海陵之称”。另据在海安境内先后发现的青墩、吉家墩、长络头等遗址的考古发掘情况，徐先生认为：“上古海陵人的活动中心在今海安境内，其后逐渐向西北方向发展，而青墩、吉家墩、长络头等古文化遗址也有少量的商周时期的遗迹、遗物的发现。”这些论述对古海陵的形成和地理范围作了比较贴切的阐释，很有见地，但也引起了学术之争，有人认为古海陵的地理范围可能更大些。但不管怎样，“韩瓶”与“宋碗”的发现表明，至少在宋代以前，海安青墩及其周围地域已成为膏腴之地，又有人在这里聚居，并在这里行军打仗了。

众所周知，“韩瓶”是抗金名将韩世忠行军打仗中所使用的水器。一般呈桶状椭圆形，口小腹薄，瓶口附近有供手提用的系绳的纽。邱丰说他发现“韩瓶”时口上还盖着撇碗。说明这个“韩瓶”与撇碗不是被遗弃的，而是有人特意埋在地下的。

青墩在远古时代是个公共墓地，全新世海侵后已抹去了公共墓地的痕迹，一般情况下，行军打仗的宋代官兵不可能将瓶和碗这样仔细地埋到墓葬区，且埋得很深——因为只有埋得深，才保持着发现时盖着撇碗的状况，否则经过数百年沧桑，瓶、碗早分离了。如果是这样，那么在青墩发现“韩瓶”和“宋碗”就带有一定的偶然性，换句话说，就是这样的“韩瓶”也不可能多见。可那只“韩瓶”和“宋碗”存在的状况表明是古人特意埋下的——那就只有一种可能，就是当地老百姓埋下的。我们可以设想，当时这一带使用“韩瓶”的人，除了行军打仗的士兵外，也有可能是老百姓。因为“军转民用”不仅在今天流行，古人也可能这样做。

熟悉陶器制作历史的人都知道，“韩瓶”的制作，在当时水器的使用上是个进步，它体积小，便于携带，外形美观，且容易模仿，因此完全可以普及为老百姓所使用。如果是这样，“韩瓶”和“宋碗”的存在就可以解释得通，那就是为当地老百姓使用过，然后作为祭品埋下的。而这可以从一个侧面证明青墩在较长的历史年代里一直有人居住，且遗留的文物绝不仅限于新石器时代。当然，这仅是推测，还缺乏足够的证据证实，因为在1978—1979年青墩遗址考古发掘之后，再没有人对遗址进行更大规模的考古发掘，因而也就没法找到更多的证据。

可无独有偶，2005年7月，青墩村民在青墩新河边筑坝取土时又发现了一只“韩瓶”，且同时发现的还有远古时代的其他陶片。这就让人费思量了。邱丰与陈兰英发现“韩瓶”与撇碗是在开挖青墩南河的工地上，与这次发现“韩瓶”的位置南北距离不超过100米，应该说“韩瓶”存在的密度是比较高的。可惜由于两点之间住着180多户居民，我们不可能刨开宅基地仔细勘查。但仅就这两次偶然的发现而言，遗址存在的“韩瓶”肯定不在少数，而这表明青墩在宋代仍是很多人集中居住的地方。

熟悉沙岗、白甸地情的人都知道，白甸施家溪有片草荡田，上世纪50年代大兴水利时，有人曾亲眼看到从草荡田里挖出许多大城砖，而那一带的老人们都传说历史上施家溪曾有“十里长街”，有大庙，庙里的“放生池”就有一节田长；而这一切均因“灭朝”而被灭掉了……青墩距施家溪直线距离很近，这里面会不会存在某种特殊的联系呢？

《海安县志》记载，东晋义熙七年（411），“置海陵郡，共领五县，其中宁海县即今海安县境域”。到了南北朝泰始七年（471），又“析宁海县西境置海安县，属新平郡。不久海安县废，辖地仍归宁海县”。从上述记载中我们不难看出，古宁海县是今天海安县的最早县治，可由于沧海桑田，古宁海县遗址无从查考。有学者认为，古宁海县的遗址在今海安白甸施家溪一带。如果此说成立，那么青墩遗址的历史遗存或许就与草荡田、“十里长街”存在联系。因此，今后可从探寻宁海县遗址的角度再多作些新的努力……

再说，就青墩的“墩”字而言，也可以认真推敲。我们知道，“墩”，一般是指高地，而高地在古代往往被辟为墓葬区（或是埋的人多了，土堆起来成了“墩”）。因此，在古代汉语里“墩”大多与墓葬区联系在一起，与“墩”相联的地名很多都是考古遗址，如涟水的“三里墩”，高邮的“唐王墩”、“周邶墩”等。与“墩”字意义相近的是“堆”字，同样也是墓葬区的名称，如四川的“三星堆”、湖南的“马王堆”等。而在古代，某个地区在成为墓葬区之前，一般先是古人的居住区，待有人死了，出于祭奠和怀念，不肯远葬，就埋在居住地附近。这样久而久之，才逐渐演变成墓葬区。这样看来，“青墩”之名也表明在宋代乃至宋代以前，青墩就有可能是由生活区转型为墓葬区的。不然，青墩不会有“韩瓶”、“宋碗”埋在地下，也不会有世代相沿的“青墩”之名。

其实，在青墩遗址发现之后，邱丰先生曾多次到青墩及其附近地域收集出土文物，他又先后征集到汉罐、唐盒等文物；而众所周知，在海陵境域历史上还有吴王刘濞开挖上官运盐河的史实。这说明，在汉唐时期海陵、宁海就已是比较富庶的地区。至于青墩，应该是海陵、宁海最具有深厚历史底蕴的地方。

限于青墩遗址大量出土文物散存在省内多家博物院、博物馆里，同时也有不少文物散落民间，我们未能对众多文物进行更广泛的研究，因此关于“韩瓶”、“宋碗”的许多断想还只能是粗浅的探索。这是青墩遗址有待彻底揭示的又一个谜。

但不管怎么说，从新石器时代，到商周时期（有姜堰天目山商周遗址），到汉唐乃至宋代以后，青墩及其周围地区是延续的，其间不排除海侵、海啸或地震造成“灭朝”的灾害，正如印度洋大海啸给几个岛屿上的居民带来灭顶之灾那样（死亡20多万人）。可海水消退之后人们又重建家园重新生活。青墩古人在遭遇海水上涨之后，肯定有人淹死，有人逃命迁移，有人迁移之后定居，也有人迁移之后又重新回来……因此，我们应该意识到，青墩遗址代表的文化不是全新世海侵后的“一片空白”，而是得到延续或时断时续的。只是遭受灭顶之灾的变故后，这种文化没有新石器时代那样辉煌，那样璀璨；而此时的中原文明（很少受到地质灾害影响）却如日中天般不断繁荣，不断兴盛。两相比较，青墩及其周围地域的文明就有些暗淡了。

总之，从上述诸多情况看，青墩遗址全新世海侵后的考古学文化不是“一片空白”，而是有延续的，但不像新石器时代那样璀璨辉煌。至于如何延续，亦有待作进一步的考古研究。

（王其银）

青墩玉、石器

青墩先民跨过长江，从江南人那边获得了玉料，学会了琢玉技术，并且形成了自己的琢玉风格。青墩先民学会加工玉器后，不仅满足自己的需要，还向江淮平原其他缺乏玉器加工技术的民族输出琢玉技艺或玉器成品，成为玉文化向江淮平原中北部传播的一个重要驿站。

玉器反映的青墩文化性质

青墩遗址已出土的文化遗物，以陶器、石器、骨器为主，出土的玉器数量虽不多，但在江淮地区的新石器时代文化遗址中，尤其是滨海遗址中，无论是出土玉器的品种，还是材料的选择，或是雕琢工艺以及玉器反映出的精神文化，都是首屈一指的。

青墩出土玉器49件，有碧玉、青玉、白玉三种，主要集中在上、中文化层，下文化层基本不见玉器。下文化层年代最古，文化最原始。中、上文化层是在下文化层基础上发展起来的，社会越来越进步，文化越来越先进。可以看出，玉器的加工使用，是社会生产力与文化发展到一定阶段的产物，与人们的审美意识与精神生活有很大关系。

青墩上文化层的玉器，不是从田野考古发掘所得，而是由青墩农民为新建粪池于上世纪80年代发现的，后经南通博物苑考古专家调查得知，出土玉器的地方，距地表深不到1米，从土质及相关遗物判断，原来应为一座墓葬。与玉器同时出土的还有不少精美的陶器、石器及骨器等，看来这是一座随葬品较为丰富、规模较大、级别较高的墓葬。青墩上文化层出土的玉器近20件，有玉琮、玉璧、系璧、镯、环、坠、璜等。从形态分析其用途，这些玉器可分为礼仪玉、首饰玉。玉琮、玉璧，是祭祀天地的礼玉，因琮方，象地，故祭地；璧圆，象天，故祭天。系璧、环、坠、璜等，都是玉挂件，原应为一组，是为项饰。由此可见，青墩上文化层时期，玉器用途已区分得很清楚，在不同的场合使用不同的玉器，根据不同的用途选用不同的玉器，这是经济发展、社会进步、文化繁荣的标志。这时期的玉器，既有长江下游良渚文化的因素，也有不少青墩文化自身的特色。

时代早于上文化层的青墩中文化层，也出土了一些小件玉器，有的出于地层中，有的出于墓葬中，主要有玉镯、玉环、玉璜、玉坠、玉珠等20余件，数量虽与上文化层出土玉器不相上下，但尺寸普遍较小，造型较为简单，用途单一，主要是起美化人体作用的装饰玉。

青墩上文化层出土的玉器与中文化层出土的玉器相比较，尽管所用玉料有所不同，加工工艺有所改进，造型有所变化，用途有所增加，但反映出的青墩文化性质，有不少相同之处，故在这里一并叙述。

一、输入玉料，青墩文化的原始经济已有一定规模

从青墩文化所处自然环境及文化内涵来探讨当时的原始经济，是一个非常有趣同时很有价值的课题。据考古地层孢粉样品分析，青墩文化早中期，气候温暖湿润，海水已向东退去，形成水网纵横的冲积平原。这里树木众多，水草茂盛，土地肥沃，适合多种植物生长，为原始居民提供了丰富的野生果实。同时，江海河港又提供了得天独厚的水生食物。靠山吃山，靠海吃海。在这种环境下，青墩文化的渔猎、采集经济获得长足的发展，现在人们羡慕的“山珍海味”，在当时是“家常便饭”，青墩文化的食物资源是非常丰富的。青墩文化早中期，靠海但不临海，能获海利，可避海害，为青墩先民提供了充足的淡水资源，是一个安居乐业的好地方。随着人口的增多、生产技术的提高，至青墩文化晚期出现耕作农业，成为渔猎、采集经济的重要补充，使人们的主食来源更有了保障。

青墩的原始社会是比较富裕的，在这块“伊甸园”里，人们不必为生存而担心，操心的是如何用更先进的生产工具，从自然界中获得更好更丰富的食物资源，同时烧制出更鲜美更有利于健康的食品。于是，青墩先民利用当地的优质土壤，烧造出大量不同功用的既有实用价值又有观赏价值的陶制品；又用大量食用后的动物骨头，如鱼骨、鹿骨，加工成各种生产工具或饮食用具。

青墩遗址属新石器时代文化，其重要特征是有大量精美的磨光石器。但青墩周围地区缺少可供制造石器的优质石料，这样只能用自己创造的社会财富与别的氏族交换优质石料，或是长途跋涉自己去寻找石料。不管用哪一种方式获得石料，都必须有一定的财力和开拓进取的精神。如果说，获得石料，是为了扩大再生产的需要，那么从别处获得玉料，加工成自己喜欢的玉器，完全是生计以外的东西，必须是原始经济有了一定基础、一定规模才有可能。从青墩出土的玉器来分析材料来源，其玉料不可能产于附近地区，因为附近地区没有产玉的地质条件；其玉料应来自长江南岸的茅山山脉，因为玉料的品质与长江以南地区崧泽文化、良渚文化玉器材料基本一致，而不同于浙北地区的原始文化玉材。

二、开琢玉风，青墩文化注入新活力

琢玉手工艺在青墩文化中所占比重不大，表明青墩文化琢玉技艺经验不足，这是不争的事实。但青墩文化的制石、制骨工艺，为琢玉工艺积累了经验，创造了条件。古代的“如切如磋，如琢如磨”，“他山之石，可以攻玉”等都反映了琢玉工艺的实际情形。“巧媳妇难为无米之炊”，当青墩先民在与外界的交往中获得玉料后，就开始了玉器的加工制作。玉器工艺虽与制石、制骨工艺有一定的联系，如穿孔、抛光等，但毕竟两者的工艺不同，因为琢玉需要剖解玉砂，需要硬度较高的刻画工具。

通过对青墩出土玉器的仔细观察，我们之所以认为青墩玉器是青墩先民在外界获得玉料后，自己琢制玉器，而不是由于文化交流由别处引入的，是因为在青墩玉器上，我们见到的是长江以南地区新石器时代晚期的玉器造型，而其琢玉工艺虽有其他地区的印记，但有明显的模仿痕迹，显示出青墩文化的琢玉成形方式及琢制技法。这从青墩出土的琮、璧玉器上，得到了明显的体现。

碧玉琮，是迄今为止青墩出土的唯一一件玉琮，高5厘米、宽8厘米，为外方内圆的柱形状，是江南地区常见的单节形琮。琮的外观与常见玉琮相似，上下口部分稍微突出，四面的中间均磨出一条宽而直浅的槽，槽两边有两组平行弦纹和两对称的圆圈纹。玉琮的外观花纹布局及表现的思想内容，是江南良渚文化典型玉琮的翻版。但从琢磨工艺看，明显可以看出青墩先民在学习玉器加工方面走过的历程。先是成形技术不到位。玉琮应是上大下小，而不是传统观念中的上小下大，虽然显得有点头重脚轻，但只有这样放置，才符合上古玉琮的象征意义。因为，玉琮是神人兽面复合形象的简化形式，有固定的排列次序，不能上下倒置。但青墩玉琮几乎不能上大下小地正确陈置。这是因为小头一端面不平整，只能倒置陈放，这样与琮图像的表现形式出现了矛盾，在长江以南地区出土的玉琮中，这种现象是绝无仅有的。这只能解释为借鉴、模仿、学习，而不是独创。在学习、模仿过程中，仅注意了琮的表象，对其内涵还缺乏足够的了解。同时，玉琮上神人兽面纹的构成线纹，不够熟练圆润，显得软弱无力，线条构成的图像不够精美，均反映出仿制的迹象。

碧玉璧，是目前青墩遗址出土的最大的一件玉器，直径17.7厘米，呈扁平圆形，器壁厚重，中间对穿圆孔，与江南地区出土的同类玉璧大小、形态基本一致，但在剖料技巧方面不够成熟，以致面上留下了数道很深的切割槽痕，抛光工艺也不够地道。这些也应是仿制留下的迹象。

青墩文化琢玉技术不仅仅停留在借鉴、模仿的阶段，而且很快在模仿中长进，在学习中提高，在不长的时间内学会了一些特殊的琢玉技法，并形成了自己的琢玉风格，如难度较大的套裁、弃料再用、残件修补等技艺。

如前所述，青墩玉料来之不易，可以说是玉贵如金。为了节省玉料，青墩先民学会了一套玉器套裁的方法，即在一块玉料上，千方百计最大限度地使用玉料，琢成多件玉器，几乎没有一点浪费。如在一块玉料上琢成多件形状、大小、厚薄基本相同的璧、瑗玉器，用璧、瑗边上的剩余玉料，依形琢成玉挂件，套裁出多件、多种玉器，既节约了玉料，又起到了事半功倍的效果。用玉璧中间的圆形孔心弃料，琢成小件系璧，大小也正合适，又增加了一种玉挂饰件。青墩人的修玉技术也高人一筹。如一件玉璜，已断成两截，在断件的两边琢几个小孔，用细线穿起来后继续使用，既说明玉料的珍贵，又反映出琢玉、修玉技巧的高超。

略举上述几例，借以说明青墩文化吸收外来文化的能力，以及在吸收、消化外来文化的同时，给本土文化注入的新的活力。青墩文化创造出具有自身特色的新文化，显示出青墩文化强有力的包容性及创造性。

三、授玉与人，青墩成为向北传播玉文化的驿站

自古以来，长江一直被认为是不可逾越的“天堑”。但在5000多年前的古人眼里，跨江、过河、出海已不是什么难事。青墩先民跨过长江，从江南人那里获得了玉料，学会了琢玉技术，并且形成了自己的琢玉风格。青墩先民学会加工玉器后，不仅满足自己的需要，还向江淮平原其他缺乏玉器加工技术的氏族输出琢玉技艺或玉器成品，成为玉文化向江淮平原中北部传播的一个重要驿站。这可从阜宁陆庄、涟水三里墩出土玉器中得到一些重要线索。

位于青墩北面的陆庄、三里墩遗址，文化面貌与青墩文化相当，早中期基本不见玉器，但到晚期，突然出现了制作精良、器型较大的玉器，而且不是一般玉器，而是象征新石器时代文化成就及文明水准的顶级玉器——玉琮。我们认为，这种难度很大的大件玉器，需要相当水平的造型能力和工艺水平，集多种技艺之大成，尤其是在缺乏玉器制作传统的地方，如此高水平、高难度的玉器不可能在短时间内制造出来，在生产技术水平低下的古代更是如此。中外文化史均表明，地方文化出现飞跃，除了本身文化具有坚实的基础外，外来文化的推动与影响是不可低估的。

阜宁陆庄、涟水三里墩与青墩文化的密切关系，从出土玉琮上可见一斑。陆庄、三里墩出土的玉琮，与青墩出土的玉琮有惊人的相似之处。玉质原料同为青碧玉，经沁呈不同的外观色泽，应为取自同类矿藏的玉料。玉琮都为单节，大小、形状、刻纹的方式，尤其是玉琮侧面的图案刻描，三地玉琮有许多相似的地方。而与江南地区出土的同类玉琮相比，无论是在玉料的选择上或是在形态的把握、图案的布局、线纹的运用上，均有明显的不同。由此可见，陆庄、三里墩玉琮，与青墩出土玉琮有更多的共性；而与玉琮的故乡，江南地区的玉琮存在着较大的差异。这样，我们基本可以确定陆庄、三里墩的玉琮，是由青墩传承过去的，而青墩玉琮是受江南地区琢玉工艺影响发展进步而来的。所以，青墩成了江南地区与江淮地区玉文化交流的一个重要驿站。而且，江淮地区的玉器，带有很多的青墩文化色彩，说明青墩文化不仅有吸收外来先进文化的能力，而且还有很强的文化辐射能力。

青墩文化在频繁的输入与输出过程中，不断壮大发展自己的文化，成为江淮地区原始文化的“领跑者”。

四、生活离不开玉，青墩文化面貌进入新的境界

青墩文化由于特殊的地理环境，由不琢玉至多琢玉，由琢小玉至琢大玉，由琢玉工艺较为简陋至琢玉工艺相对发达，并形成自身的琢玉传统及琢玉特色，影响到青墩社会的多个层面。

青墩中文化层以后，出现了较多的玉镯、玉环、玉璜、玉坠、玉珠等小件玉器。这些玉器虽小，却是青墩文化的高档饰品，与骨饰、石饰、陶饰等一起，构成青墩人的装饰文化。玉器等大量装饰品的出现，一方面说明青墩中文化层以后，社会生产力得到了一定发展，人们有更多的闲暇时间从事文化艺术活动；另一方面也说明，人们的审美意识与审美观有了较大的提高，精神生活较之以前大为丰富。

青墩上文化层时期，除继续保持中文化层时期装饰玉器传统外，出现了璧、琮等大件玉器，这是青墩文化的重大突破，表明青墩古人的精神生活进入了新的领域，出现了前所未有的文化现象：财富意识明显增强，等级观念更加明确，宗教活动日益增多，礼仪制度已具雏形——古老的青墩人即将跨入文明社会的门槛。

（殷志强）

青墩刻纹玉瑗及其刻画工具

南京博物院编著出版的《古玉菁华》刊载了全国各地出土或流传下来的古代玉器精品图片217幅，其中就有海安青墩遗址出土的新石器时代玉器两幅，这两幅一为碧玉双联璧，一为刻纹玉瑗。这两幅图片的玉器实物都珍藏在南京博物院玉器馆。碧玉双联璧备受关注，刻纹玉瑗因古玉表面有许多深陷的弧线痕显得不太玲珑精美而被人忽略。其实，在远古时代，特别是人类尚未发明坚硬刻画工具之前，青墩古人用何种工具在玉瑗表面刻画弧线痕，是很值得认真研究的学术问题。

青墩出土玉器非常珍贵

众所周知，玉器始见于8 000年前的兴隆洼文化。但在公元前3 500年以前，玉的种类数量并不多，在中国考古学文化中的作用显得有限，出土的主要器类为耳饰、胸饰等小件装饰品。其质地大多为玛瑙、绿松石等美石，很少看到真正意义上的软玉。

公元前3 500年以后，玉器在出土文物中逐渐扮演越来越重要的角色，长江下游新石器时代遗址中出土的玉器越来越多，其种类除原有的玉璜、玉玦、玉珠、玉坠外，开始出现了玉环、玉瑗、玉琮、玉璧等玉器。玉的质地也由过去纷杂的美石而变成以相对纯粹的透闪石和阳起石为主的软玉。这主要表现在江南崧泽遗址、良渚遗址和江北的青墩遗址出土的玉器上。巢湖的凌家滩遗址出土的玉器最多，其代表性的玉器已出现成套的礼仪玉器，如玉神人、玉龙、玉璧、玉钺和刻图玉龟片等。

青墩遗址出土的玉器种类比较齐全，除了凌家滩出土的礼仪性玉器如玉神人、玉龙和刻图玉龟片外，上述种类都有，还增加了玉琮（也是礼仪玉器）、碧玉双联璧（又名双孔玉环）。青墩出土的玉琮有良渚文化玉琮的印记，两者外形极相似，但青墩玉的质地却更精致更富有光泽；碧玉双联璧的造型非常奇特，除了红山文化出过相似的一块玉器外，青墩遗址的这一块可谓独一无二。或许正因为如此，南京博物院一直将这块公元前3 500年左右的玉器陈列在玉器馆展览大厅，其玉质晶莹透亮，有美丽的花纹。《古玉菁华》标明：该玉“宽5.7厘米，青黄玉质，在一扁平玉片上，琢一对上下排列的双孔，形成双孔玉环，与玉璇玑一样，属异形环，仅见于东南沿海新石器时代文化，较少见”。

与碧玉双联璧玉质非常相近的刻纹玉瑗（《古玉菁华》标为“玉环”，有争议），宽4.5厘米，外形浑圆，内孔滚圆，只是一侧扁平的玉面上留下两处若干道弧形刻纹。编者这样介绍：“小小的玉环，并不显眼，但从上面我们可了解到古代琢玉术的一些信息。一面深浅不一的弧线痕，是当时切割的。最近也有一位著名学者认为，这不是加工过程中留下的痕迹，而是为了某种宗教需要有意留下的。”

毫无疑问，南京博物院编撰出版的《古玉菁华》将青墩遗址出土的这块刻纹玉瑗列在显要位置进行介绍，显然是要将玉瑗上的刻纹展示于人，以吸引专家、学者们的注意。

刻纹玉瑗蕴涵的远古信息

仔细观察研究这块刻纹玉瑗，人们很容易产生这样几点疑问：第一，弧线是在玉瑗制作前留下的还是玉瑗制作完成后特意刻画的？第二，如果玉瑗制作好后再行刻画，那么有什么特定含意？第三，在玉瑗上刻下弧画的工具是什么？是不是砣具？

首先，刻纹玉瑗上的弧线应该是玉瑗制作完成后再刻下的。理由很简单，任何玉工在制作玉器之前，总要仔细分辨端详手中的玉料，以便因材制玉。一旦发现玉材上有很深的印痕，影响观瞻和把玩，那么玉工就不会使用这块玉材制作玉瑗；否则他制作的玉瑗就是废品。尤其是在古人没有良好的琢玉工具的情况下，更不会把时间和功夫浪费在这块玉材上。也许有人会说，玉工有利用废料的可能，如果是这样，那么他应该把心圆开在印痕不深的地方，而浅痕的地方则可以磨光，那样就可以加工成一块完好的玉瑗。因此，不可能是废料利用。

其次，玉瑗制作好后再刻弧线有何特定含意？这是个很难回答的问题。在良渚文化遗存中，玉琮、玉璧都是作为礼器乃至神的象征出现的，特别是玉琮上雕琢的兽面纹或神鸟纹具有明显的特征。在青墩文化遗存中，玉琮也被赋予了这种特质，即便兽面纹不明显，但其内圆外方的造型也被赋予天圆地方的含意，因此毫无疑问，它同样属于礼器的范畴。那么这块玉瑗，是不是也具有礼器的秉意呢？这要从玉瑗有没有使用价值上进行推敲。古人雕琢玉器，要么作为饰物，戴在手上，挂在身上，具有装饰作用，比如耳坠、手镯、玉佩等；要么作为玩物，具有观赏、把玩作用，比如玉玦、玉璜、玉璧、玉瑗等，其中玉璧、玉瑗在特定的历史情况下可能有象征权力、显示威严的意蕴；或者，就是雕琢玉琮、玉龙、玉神等礼器；当然，还有雕琢技艺进步到一定阶段后雕琢的生活日用品和工艺美术品。但后者无需讨论，因为我们探讨的是新石器时代的玉器。

青墩遗址出土的刻纹玉瑗，根据考古专家们鉴定，是公元前3 500年的产物，距今5 500多年，那时青墩古人制作玉器的能力还非常有限，在玉料紧缺（本地不产玉）、雕琢技艺受工具制约的情况下制作的这块玉瑗极有可能具有礼器的含意。因为玉瑗中心圆孔不大，整块玉瑗宽度只有4.5厘米，不可能作为饰物戴在手上，况且圆孔到外围的距离很阔，即便套在手上也极不方便，因此似乎作为礼器的可能性比较大。如果作为礼器，在特定情况下就有可能作为占卦、祭祀的器具——而在这时，玉瑗的刻纹就会像有的学者所说，“是为了某种宗教需要有意留下的”了。

说白了，该玉瑗有可能先被赋予神的意义，后因某种原因，要废了它，所以在上面刻了印痕，谓之“破”。

再次，在玉瑗表面留下的刻纹应该是砣具所为。加工这样一块玉瑗，在远古人类还没有发明比玉质更坚硬的刀具的情况下，只能使用砣具。

青墩古人琢玉使用砣具的可能性

南京艺术学院教授殷志强先生的《玉器反映的青墩文化性质》一文（见本章第一篇）详细论证了青墩出土的玉器是青墩古人制作而不是外来的成品玉器。这一观点已得到众多考古学家的认同。正是建立在青墩玉器是青墩古人自己制作的基础上，我们来讨论青墩古人使用砣具制作玉器的可能性。

人所共知，现代宝石学及矿物学概念表明，玉是矿物集合体，包括碱性辉石硬玉、角闪石软玉，两者均为链状硅酸盐矿物。中国人将宝石硬玉称为翡翠。而古人观念中的玉，内涵要广泛得多。《说文》曰：石之美者为玉。凡硬度高（约莫氏5度以上）、致密度好、色泽艳、具透明光泽的美石，都可称之为玉。从历代出土的玉器看，古代玉的概念，既包括角闪石软玉，也包括辉石硬玉（翡翠），还包括部分彩石、宝石玉，诸如玛瑙、水晶、琥珀、绿松石、碧玺等。

我国玉器文化的形成源远流长，是中国古代文明的重要标志之一，已有数千年持续不断的发展史。考古发现表明，在四五千年前的新石器时代中、晚期，环太平洋西岸的中国东南沿海地区，形成了三个以玉器工艺闻名的既相互独立又相互联系的琢玉中心：东北辽河流域以红山文化为代表，典型玉器有玉龙、勾云纹玉佩、马蹄形器等；海岱地区以龙山文化为代表，典型玉器有兽面纹玉圭等；长江下游地区以良渚文化为代表，典型玉器有玉琮、玉璧、玉钺、玉项饰等。青墩遗址居三大琢玉中心中的海岱文化与良渚文化之间，考古学家一直认为青墩文化受海岱文化和良渚文化的影响，那么构成文化要素的玉文化——青墩玉器，肯定要接受良渚制玉工艺的辐射与影响。这从青墩出土的玉器的种类上就可以看出，良渚文化所拥有的玉琮、玉璧、玉钺、玉项饰等，青墩遗址都有出土，且器形十分相似，只是玉的材质有所区别。很显然，青墩古人在5 000年前是学习借鉴了江南良渚文明的琢玉技艺再行琢玉加工的。

考古学家们已肯定，良渚文化的琢玉技术采用了当时比较先进的砣具。安徽凌家滩遗址出土的大量玉器更证实了这种猜想。考古学家们通过对凌家滩出土玉器使用偏光显微镜进行观察，发现凌家滩玉器表面有使用砣具的微痕迹，进而证明5 300年前，已有了加工玉器的砣机。而从偏光显微镜下观察到的凌家滩出土玉器的微痕迹，恰恰与青墩遗址出土的刻纹玉瑗裸露的刻画弧线极相似。只不过凌家滩的玉器制作者为了玉器光滑细腻把弧线痕磨掉了，而青墩的制作者将玉瑗刻画弧线原样留存了。这说明，青墩古人制作玉器同样使用了砣具。

至于砣具的模样，今人只能猜测。《辞海》没有砣具的条目，《说文解字》也没有对“砣”字的解释。只能猜想是人们用绳子缚住比玉料硬度高的尖利石器，再用手摇或脚踩砣机作高速离心运动，进而进行玉料的切割、打磨……即便如此，在5000多年前的远古时代，这已是非常先进的琢玉技艺了。

（王其银）

青墩玉琮、玉璧与玉钺

青墩遗址出土文物中玉器种类颇多，且有不少精巧的玉器，有的甚至被南京博物院作为罕见玉器在玉器陈列馆展示，比如刻纹玉瑗和碧玉双联璧等。然而，真正标明青墩遗址具有相对独立的文化性质乃至具备部落“酋长国”地位的玉器是玉琮、玉璧和玉钺。

玉琮乃政治权力的象征

远古时代，古人以内圆外方寓天地，所以在雕琢玉器时创出了祭天礼地的玉琮。

玉琮，一般方形，中有圆孔，亦有作长筒形，内圆外方寓指天地，在良渚文化中是古人祭祀天地的必备礼器。良渚文化出土的玉琮多带饕餮纹。饕餮是传说中一种贪食的恶兽。古代钟鼎彝器上多刻其头部形状作为装饰。《吕氏春秋·先识》：“周鼎著饕餮，有首无身……为不善亦然。”后来人们用饕餮来形容贪婪凶恶的人。《左传·文公十八年》记载：“缙云氏有不才子，贪于饮食，冒于货贿。侵欲崇侈，不可盈厌；聚敛积实，不知纪极。不分孤寡，不恤穷匮。天下之民，以比三凶，谓之饕餮。”杜预注曰：“贪财为饕，贪食为餮。”后来也引申为专指贪于饮食，如“饕餮之徒”。

令人瞩目的是，良渚玉器的玉琮早在四五千年前就琢有饕餮纹，比商周时期钟鼎彝器上出现饕餮纹要早得多。而青墩遗址出土的玉琮上却没有饕餮纹，这就令人感到奇异。青墩遗址地处江淮东部地区，与地处江南的良渚文化相比较，地理位置上更接近华夏文明，照理说不应该出现这种状况。那就只有一种解释，即青墩玉琮的雕琢时间可能比良渚玉琮还要久远。因为从装饰美观的角度看，琢上饕餮纹的玉琮要更好看一些。青墩玉琮没有饕餮纹，应该说是雕琢该玉琮时玉匠还没有创出或见识到饕餮纹，而只要创出或见识了饕餮纹，照理说是一定要琢上去的。因为玉琮是祭祀天地的礼器，古人崇敬天地，不会轻易草率地制作这块玉琮。

玉琮在商周时期的墓葬中多有发现。《周礼·春官·大宗伯》记载："以黄琮礼地。"这说明，古人下葬时为祈求平安，特意以玉琮礼地。那么祭天呢，会不会用另一种颜色的玉琮来祭天？青墩遗址出土的是碧玉琮，这碧玉琮是专门用来祭天，还是天地同祭呢？不得而知。

不管怎样，在远古时代，青墩古人已拥有碧玉琮，已具备供一个部落进行隆重祭祀活动的法器，这是原始政治活动的见证。

玉璧是经济财富的象征

人们大多知道春秋时代和氏璧的故事。

故事说楚人卞和，在山中得璞玉，献给厉王。厉王使玉工辨识，玉工说是石头。厉王以欺君之罪断卞和左足。后武王即位，卞和又献玉，结果又被以欺君之罪断右足。到了文王即位，卞和抱玉哭于荆山下，文王派人问他，他说："吾非悲刖也，悲夫宝玉而题之以石，贞士而名之以诳。"文王使人剖璞，果得宝玉，因称"和氏璧"。后来"和氏璧"乃"天下所共传宝也"。

这是春秋时代的事情。令人惊叹的是，青墩遗址却出土了一件5 000多年前的玉璧，且质地圆润，色泽光亮，若论年限则早了2 000多年！

“和氏璧”被作为传世国宝，是一个国家的象征，以至后来谁得到“和氏璧”就可以称一国之王。青墩遗址的玉璧诞生在新石器时代，那时还没有国家体制，而拥有它的部落肯定是空前强大的。如果原始部落存在“酋长国”，那青墩部落有了玉璧似乎就应该等同于“酋长国”了。

不管怎样，玉璧在远古时代就被作为礼器，其意为“以圆通天，处处顺”，是经济财富的象征。卞和之所以要将得到的美玉献给刚即位的国王，就是要给国家增添财富，以大安天下。可惜厉王、武王用错了玉工，不识宝物，以致卞和蒙受了天大的冤屈……

古代玉工雕琢玉璧非常讲究。玉材面积要大，要有美丽的花纹，且质地坚硬，通常将璧琢成平圆形，正中有孔。《尔雅·释器》：“肉倍好，谓之璧。”邢昺疏：“肉，边也；好，孔也。边大倍于孔者名璧。”就是说，“边大倍于孔”的是璧，边宽度小于孔的则为瑗或环。

史书记载，玉璧是古代贵族朝聘、祭祀、丧葬时所用的礼器，也作装饰品。商周至汉代的墓葬中常有发现。青墩遗址出土玉璧具有不同寻常的意义，它表明青墩部落的政治经济生活进入原始社会的高级形态。

玉钺——军事权力的象征

青墩遗址考古发掘中出土了许多新石器时代的石器，如石斧、石锛、石凿、石铲、石锄等。石斧大多为穿孔石斧。

令人瞩目的是，青墩遗址还出土了一件双孔玉斧。穿孔石斧多为花岗岩质地且大多为单孔。玉质易碎，特别是穿了双孔的玉斧，肯定不能用来砍斫东西。那就只能是一件象征性的装饰品。

令人生疑的是，玉斧作装饰品又太重。2004年9月，笔者为编《青墩文化》第2版，去南京博物院找张敏先生补拍青墩遗址出土文物的照片。在参观地下文物仓库陈列的新石器文物时，注意到石器展品中有各种各样的石斧，但有些模样相近的被标为石钺。当时没过分在意，只是匆忙之间拍了照片。

后来想了解"钺"的本意，便查《辞海》"钺"字条目。《辞海》标明，"钺"为"古代兵器，青铜制，圆刃或平刃，安装木柄，持以砍斫。盛行于商及西周"。"又有玉石制的，多为礼仪或殉葬所用"。这就让人明白，青铜制的"钺"，质地坚硬，可以用来砍斫，所以《水浒》中的鲁智深用这种兵器。而玉石制的玉钺、石钺，由于厚度较薄，且必须开两孔才能固定在木柄上，所以不能砍斫，只能作为礼仪用品。所以青墩遗址出土的那件双孔玉斧（在第二孔位置折断），极有可能是一件玉钺。因为玉材在远古时代是非常稀少的，特别是青墩周围没有出产玉材的地方，青墩古人肯定舍不得将玉材制作斧头（那会轻易损坏），他们实际上是制作了一件供礼仪使用的玉钺。

玉钺有何大用？据古玉研究专家解释，"玉钺，以玉制戈，仗仗胜，是军事权力的象征"。这样看来，青墩遗址出土的双孔玉斧——玉钺，还被赋予部落内部享有军事权力的特殊意义。

青墩古人拥有玉琮、玉璧已是众所周知的事实，它们分别是政治权力和经济财富的象征，如果双孔玉斧果真是玉钺，那么青墩部落还具有军事权力的象征，三者俱齐，青墩部落或许真的具有部落"酋长国"的地位……

更令人感到惊奇的是，海安有个青墩，盐城近郊也有个青墩，泗阳附近还有个青墩，且该青墩已被考证为商周时期遗址。三个青墩同处江淮东部地区，会不会是远古青墩部落迁徙留下的痕迹？如果是，那海安青墩遗址就更有点部落"酋长国"的味道了。

（王其银）

青墩玉器与扬州玉雕

读过《青墩文化》或参观过南京博物院玉器展的人都知道，青墩遗址出土了不少玉器，有玉璧、玉琮、玉环、玉镯、玉玦、玉坠、玉瑗、玉璜，还有玉锛、玉斧等，几乎新石器时代已经出现的玉器，这里都有。其数量之多、种类之全、雕琢之精良，实属罕见。与青墩遗址差不多同时被发现的浙江河姆渡遗址出土玉器则很少，只有常见的几类，且数量不多。而与青墩遗址相距不远的高邮龙虬庄遗址（直线距离约80公里）出土玉器也很少，且仅有的几件玉器还很粗糙。这就让人不得不对青墩出土的玉器刮目相看。

青墩出土的玉器是青墩古人雕琢的吗？许多人对此有疑问，认为青墩及其附近地区既无山，也不产玉，怎么会有那么多玉器出自青墩古人之手？但是，南京艺术学院教授、古玉研究专家殷志强先生经深入研究后认为，青墩出土的玉器是青墩古人雕琢的。他在《玉器反映的青墩文化性质》一文中这样写道："我们之所以认为青墩玉器是青墩先民在外界获得玉料后，自己琢制玉器，而不是由于文化交流由别处引入的，是因为在青墩玉器上，我们见到的是长江以南地区新石器时代晚期的玉器造型，而其琢玉工艺虽有其他地区的印记，但有明显的模仿痕迹，显示出青墩文化的琢玉成形方式及琢制技法。这从青墩出土的琮、璧玉器上，得到明显的体现。"他还指出，是"青墩文化的制石、制骨工艺，为琢玉工艺积累了经验，创造了条件"。就是说，青墩古人在制作石器、骨器的实践过程中，学习借鉴并总结创造了琢玉技艺。

人所共知，青墩的石器、骨器的制作非常精良，且无论品种、数量或加工精度都是新石器时代同类石器、骨器中最先进的。能够加工那么好的石器，就一定能够制作良好的玉器，并在磨制、刻制骨器的过程中找到精制玉器的技艺。因为制作玉器的许多工具，比如砣具、桯具、管具，以及软性线锯等，都是在“以石攻玉”的过程中，通过“切、磋、琢、磨”的不断加工完善发展起来的。因此，殷志强先生认为青墩古人从江南茅山山脉取得玉料，再学习借鉴江南玉雕技艺，不断“开琢玉风”，给“青墩文化注入新的活力”[1]。

依据殷志强先生的论述，青墩古人具有较高的琢玉技能是可以确定的。这从青墩出土的玉器上也可以得到证实。青墩出土玉器中有块玉瑗，上面有古人用砣具加工制作玉瑗留下的印痕。如果说青墩古人是通过交换得到玉器的，那么一般情况下是很少有人要换取一块带有明显印痕且影响观瞻、影响玉的品质的玉器的。

那么，全新世海侵后青墩古人中的琢玉能手的技艺是否失传了呢？根据南京博物院考古研究所所长张敏先生关于高邮龙虬庄古人在全新世海侵后有两个迁移分支（一为西迁，一为北上东迁）的观点[2]，青墩古人也有西迁或北上的可能；而只要存在西迁的可能，青墩古人中的琢玉能手就有可能在西迁途中的某个地方停下来，并将琢玉技艺传下去。

综观中国悠久的琢玉历史，最引人注目的是扬州玉雕。我们知道，在中国古代和近现代史上，历代帝王或政府部门获得良好的玉材，哪怕是在新疆和阗、东北辽宁或

[1] 青墩文化.长春：吉林人民出版社，2004，12.

[2] 青墩文化.长春：吉林人民出版社，2004，84.原文参见《龙虬庄》，北京：科学出版社，1999.

北京房山获得的，都要千里乃至万里迢迢运到扬州来雕琢，待到雕成玉器后再运到北京或其他地方去。这说明，扬州自古有琢玉能手、有琢玉技艺的传承。而扬州又可能是青墩古人在西迁途中必须经过的地方。因此，我们有理由遐想，如果青墩古人具有像殷志强先生所论证的良好的琢玉技能，且在全新世海侵时存在西迁的可能，那么青墩古人中的琢玉能手就极有可能在扬州停下漂泊的脚步，并将琢玉技艺传承下去。

对于扬州玉雕的技艺特征我们姑且不作探讨和研究，因为经过数千年的流变，我们无法将其与青墩出土的玉器进行简单比较。但殷志强先生曾将青墩出土的玉琮与阜宁陆庄、涟水三里墩遗址出土的玉琮的雕琢技艺作过比较，他认为“陆庄、三里墩的玉琮，是由青墩传承过去的，而青墩玉琮是受江南地区琢玉工艺影响发展进步而来的”，并据此推论：“江淮地区的玉器，带有很多的青墩文化色彩。”

殷志强先生是古玉研究专家，他说“江淮地区的玉器，带有很多的青墩文化色彩”，显然不是凭空杜撰，况且不久前他还应南京博物院之邀主编了《古玉菁华》一书，相信他对中国古代的玉器，对江淮地区的玉雕一定有充分的把握。因此，依据殷先生的这段学术论述，我们有理由将同属江淮地区的扬州的玉雕技艺的源流与青墩玉器联系起来。如果此说成立，那么“自古玉雕出江淮”便增添了新的佐证。

值得一提的是，在殷志强主编的《古玉菁华》一书中，我们还看到了一块青墩遗址出土的碧玉双联璧。该玉璧外形成“8”字形，非常奇特，殷先生说“仅见于东南沿海新石器时代文化”。而1935年在辽宁西部的红山遗址，也出土了一块略显变异的“8”字形玉璧，其绝对年代要比青墩遗址晚。从地图标示上看，红山遗址也是青墩古人北上东迁可以到达的地方，且红山双联璧明显有进化的痕迹；而仔细品鉴两块玉璧，红山双联璧的造型在青墩碧玉双联璧的基础上有了新的变化，呈下大上小的“三角形”，开孔也由直孔变成了喇叭孔。这两块玉璧之间有着怎样的传承影响，还有待富有见地的专家学者作进一步的探索。

可以肯定，青墩玉雕对后世的影响绝不仅限于江淮地区，很有可能传播得更广更远，如同青墩稻作文化一样……

（王其银）

带柄穿孔陶斧的发现[1]

1979年春天，南京大学历史系考古专业的学生在指导老师张之恒、吴建民的带领下来到青墩遗址所在的海安沙岗公社，住在阴暗潮湿又十分简陋的大房子内，3个女同学住一小间，9个男同学住一大间，过上了平生第一次的考古生活。南京大学历史系考古专业77级，本来有13位同学，有一位听说考古长期在野外工作，吃不了这个苦，在出发之前打了“退堂鼓”。

一、奇妙的发现

青墩考古生活很单调，老师学生们每天来回步行十几里，吃的除了米饭、青菜、鱼汤，还是米饭、青菜、鱼汤；住地经常停电，晚上无处可去、无事可做，夏日任凭蚊虫叮咬，度过一个个难眠长夜，日复一日地与当地农民一起挖土、抬土……他们有时真恨不得一铲掘到底，好看个明白，地下究竟有没有宝贝；有时真希望能挖出一个“金娃娃”，轰动世界。

有追求，就会有收获。惊喜伴随着艰辛而来。6月初的一天，天气非常闷热，学生们按照田野考古规程，划分地层、绘图、照相、记录，样样不少，干了一整天活，几乎一无所获。傍晚准备收工时，殷志强突然在T10南侧隔梁旁的中文

[1] 由于青墩出土的带柄穿孔陶斧系古人根据装柄的石斧复制而成，陶质反映的是新石器时代石斧的文化面貌，故连同下文《青墩陶斧与盘古神话》一起列在本章进行介绍。——编者注

化层中，发现了一把小小的陶斧。陶斧呈扁平长方形，一端出刃，另一端带个小圆孔，做工非常精细，由泥质红陶制成。殷当时以为只是一件模仿石斧的玩具而已，而且器形很小，并没有放在心上，就按考古要求做了记录，收工返回住地。

次日上工，在T10的另一端，发现了一座青墩中文化层的墓葬，随葬品非常丰富，考古人员花了一整天的时间才清理完毕。从地层关系看，墓与陶斧属同一文化层。这样，从墓内出土的随葬品，可以进一步确定陶斧的考古学上的相对年代，属于青墩文化中期，距今5 000多年。于是，殷取出陶斧，与墓葬内出土的陶器进行比较，并与赵力华一起探讨相关问题。赵力华看到陶斧，若有所思，立即取出刚从地层中出土的陶制把手，并将陶斧嵌入陶把手，竟然天衣无缝。原来它们是一对。他们像哥伦布发现新大陆似的，顿时喜出望外。就在他俩沉浸在发现的兴奋之中时，相邻的T11的周晓陆，一位曾在农村当过大队支书的老知青，问他们高兴啥，为什么没有他的份。殷说发现了好东西，自然高兴。周晓陆说好事也有他的份，变魔术似的拿出一节陶制残件，与陶斧把手一接，又是天衣无缝。原来他手上的一节陶制品，原是陶斧把手的末端部分，现早已断开了。而殷、赵两人由于过分激动，竟没有看出陶斧把手的残缺部分，以为末端的一个小圆孔是穿挂用的，实际上小圆孔是为修补断把而设……此时，他们慨叹古人真是聪明，不仅会制造陶器，还会修补陶器。本来是一件带柄穿孔陶斧，由于早期把手断裂，被遗弃在地层中，经过科学考古发掘，细心拼缀，终于恢复了本来面目。

为了庆祝两个探方合作获得的考古收获，周晓陆拿出装满低档白酒的军用水壶，让现场考古发掘人员，闻个香，尝个鲜，喝个够，让考古队员共享考古成果。晚上回到沙岗公社，他们又到附近小商店，拿出身上所有的零用钱，买了两瓶海安糯米陈酒及一筐“旺鸡蛋”，庆贺全体考古队员在考古中取得的重大收获，并期待挖出更多的宝贝，更好地认识青墩文化。

二、原来石斧是这样装柄的

《江苏海安青墩遗址发掘报告》中，对陶斧的认识作了如下表述：

> T10中文化层出土有柄穿孔陶斧一件，是按照实物仿制的，只是形体较小，泥质红陶制成，分柄和穿孔斧两部分，柄为椭圆形棒状，前粗后细，前端翘起，有浅槽可嵌入穿孔斧。槽后有三孔，可穿绳缚住穿孔斧，使其固定在槽内。柄后端作半月形，并有三角形穿孔。这件有柄陶斧虽非实用工具，但为当时穿孔石斧的装柄方法，提供了实物证据。
>
> 中文化层出土的一件仿实物制作的带柄穿孔陶斧，在说明穿孔石斧的装柄方法上，提供了极为可贵的实物标本。

关于石斧的装柄方法，一直是人类学家、考古学家关注的学术问题，以往主要是参考民族学资料来推论古代石斧的装柄方法。但古今相距几千年，现代一些未开化民族使用的石斧是否是古代人类使用工具的遗存，一直是学术界关心的问题。所以，考古学家更注重以考古资料来说明古代石斧的装柄及使用情况。青墩发现的带柄穿孔陶斧，虽不是带柄穿孔石斧，但应是当时带柄穿孔石斧的装柄、使用状况的真实反映。从带柄穿孔陶斧我们可以看出，当时人们已学会使用复合工具；能熟练使用穿孔技术及卯榫结构原理，能利用自然界的材料制造出更便捷、有效、精美的复合工具，从而提高生产力，发展经济，方便生活。青墩带柄穿孔陶斧的装柄方法，为日后的考古发现所证实。在东南沿海地区新石器时代中晚期出土的部分穿孔石斧上，带有用绳缚柄的痕迹，应是海安青墩带柄穿孔陶斧装柄方法在石斧上使用的真实反映。但在近百年的中国新石器时代考古发掘与研究中，能说明扁平穿孔石斧装柄方式及使用方法的实物资料，只有青墩带柄穿孔陶斧一件。青墩带柄穿孔陶斧总长只有18.4厘米，重仅70克。正因为青墩带柄穿孔陶斧具有完整性、科学性、独特性和唯一性，已被定为国家一级文物（国宝），成为青墩遗址出土文物中最具科学价值、文物价值的珍贵文物之一。

三、陶斧的重大象征意义

其实，青墩带柄穿孔陶斧的学术价值，不仅仅体现在穿孔石斧装柄方法的研究上，更体现在其象征意义上。这方面还有不少考古资料可资参考。

河南省临汝阎村仰韶文化遗址出土的一件大型彩陶瓮，器表彩绘一幅鱼鸟石斧图。据专家研究，图画表现古人较为复杂的思想，彩陶瓮为一位部落酋长的瓮棺，画面上的带柄石斧，可能是酋长生前的使用物，它并非是普通的工具或武器，而是一件能代表身份和权威的象征物。鸟和鱼是当时两个不同氏族的图腾，鸟是酋长氏族的图腾，鱼为其敌对氏族的图腾。鸟氏族在酋长的领导下，以带柄石斧为主要武器，打败了鱼氏族。鸟氏族为了纪念死去的酋长，以大彩陶瓮棺为酋长的葬具，并在陶瓮棺上画上带有酋长事迹的图画，以纪念死去酋长的功绩。

山东省莒县陵阳河大汶口文化遗址出土的大陶尊上，刻有多种图像，其中一部分陶尊上的“符号”，已被专家释为原始图形文字。一些学者认为，这些“符号”是目前中国最早的“文字”。一件陶尊上刻有带柄石锛的形象，据研究应为兵器“斤”字。另一件陶尊上刻有带柄石斧的形象，认为是由农具的形象演化为兵器“钺”。

仰韶文化、大汶口文化出土的带有石斧形象的图画，其反映的时代稍晚于青墩中文化层时期，应是当时社会广泛使用石斧工具在艺术上的反映。艺术形象的石制工具，已不仅仅是停留在生产层面上的生产工具，而具有特定的社会属性及象征意义。青墩出土的带柄穿孔陶斧，既是当时扁平穿孔石斧装柄使用的真实反映，同时也不能视为一般的玩具或模型，而是一件具有更多社会属性及象征意义的器具。出土带柄穿孔陶斧的青墩中文化层时期，已进入父系氏族社会，男子在社会上具有较高的地位。社会的主要活动包括进行生产劳动、营造家园、对外战争，全由男子承担。而当时无论是生产还是战争，均离不开最先进的工具、武器——带柄穿孔石斧。因而带柄穿孔石斧逐渐成为男子的象征，成为勇敢的象征，成为社会进步的标志。

青墩带柄穿孔陶斧，从大小、形状及结构来看，应是青墩中文化层时期氏族酋长随身佩带的一件器物，柄末端的小孔是专为佩挂而设的。在使用过程中，陶柄曾断裂过，以穿孔缚绑的形式加以修复，继续使用。最终不知何故，被遗弃在文化层中。佩带有柄穿孔陶斧的青墩氏族酋长，既有英雄的气概，又有权力的威严，还具有坚强不屈的意志。

带柄穿孔陶斧，是开启青墩文化之门的一把钥匙，是认识青墩文化的法宝。

（殷志强）

青墩陶斧与盘古神话

盘古神话传说起源问题，学术界长期争辩，未有定论。与黄帝、伏羲、女娲等创造人类和人类文明的宗祖神不同，开天辟地创造宇宙的盘古神话在文献中出现较晚，未见于迄今所见的先秦典籍。屈原《天问》："邃古之初，谁传道之？上下未形，何由考之？"

吕思勉《读史杂记》谓：盘古故事来自《山海经》中的烛龙故事，"此二者即一事，皆谓其身生存，不谓已死"。杨宽、袁珂、闻一多诸先生皆持类似之说。何新《诸神的起源》却认为，烛龙起源于天文学中的极光现象，与盘古毫无声训上的相通之处，甚至找不到丝毫名称嬗变的痕迹，盘古神话传说的原型应为印度的梵天和西亚的开辟神"BAN"。

盘古神话，始见于三国时吴人徐整《三五历记》，是书今已佚，《艺文类聚》录存。

三国时吴国地据江淮。最早记述盘古神话传说者徐整乃江淮间人。故可推论：江淮乃盘古神话传说发源地之一。

考历代盘古画像，盘古手持巨斧，寓意开天辟地。

1978年4月，位于江淮之间的海安青墩新石器时代遗址出土一把带柄穿孔陶斧，因其解决了考古界长期争辩悬疑的新石器时代人类主要劳动工具石斧的穿柄问题，被定为国家一级文物，陶斧除本身具有重大考古学意义之外，也为破译盘古神话传说提供了新的维度。

新石器时代，石斧是人类最主要的生产工具，大量出土墓葬中随葬石斧的发现，证明石斧已成为新石器时代人类最重要的物产之一。但青墩遗址带柄穿孔陶斧，系根据石斧实物以陶土仿真烧制，而非实用工具。很显然，这把陶斧已由实用领域升华到人类精神活动领域，成为青墩新石器时代遗址人类群落的一种象征性崇拜图腾。

辩证唯物论认为，作为观念形态的文学艺术（原始诗歌，原始舞蹈，原始神话）是一定社会生活在人类大脑中反映的产物，是在劳动与生产中创造的，这些原始艺术或是劳动生活的美化，或是组织、协调劳动动作的手段，或是征服自然、争取丰收的幻想。劳动实践不仅创造出人类灵巧的双手、高度发达的大脑与语言，给人类从事艺术活动提供了物质前提，而且还给最初的文学艺术提供了“范本”。作为原始文学艺术种类之一的神话，以人类生活中起重要作用的劳动工具为“范本”，是极其自然的。石斧到陶斧的演变过程，便是劳动产生艺术的明证。模仿石斧实物的陶斧的构思过程及泥坯塑造与烧制过程，即为艺术的创作过程。因为石斧在新石器时代人类生活中具有重要作用，人类原始浑沌的宇宙观中，便将开天辟地与现实生活中无所不能的石斧联系了起来，自然现象中的雷电霹雳，使人们很容易幻想出一位巨神挥动巨斧开天辟地的原始神话。

认为中国盘古神话传说来源于印度大梵神与西亚“BAN”神者，其立论根据是“梵”与“盘”在古音中音近，“BAN”与“盘”更是同音。值得注意的是，在许多民族的远古神话中，其实都曾有一个发音与“梵”或“BAN”相近的原始创造神。

音韵训诂是考古学的重要手段之一，“上穷碧落下黄泉”的学术精神也无可厚非，然而我们应该首先从本民族语言的源流中去追踪溯源。遴选古汉语中与“盘”字同音或音近者，可以发现，其中“爿”字颇令人寻味。爿，劈开的成片的木柴，象形字。何以音“BAN”？肖其劈柴声也。劈柴工具者何？斧也。而“古”、“斧”音近，或其转音，“盘”、“爿”同音，故盘古者，爿斧也，劈柴之斧也。

河南省临汝阁村仰韶文化遗址出土的彩陶瓮，器表彩绘一幅鱼鸟石斧图。此彩陶瓮为一氏族酋长的瓮棺，在其瓮棺上所绘之石斧显然已非一件普通的生产工具或武器，它表达了新石器时代人类的一种较为复杂的思想。据专家研究，鸟是酋长氏族的图腾，鱼是其敌对氏族的图腾，鸟氏族在酋长的带领下，以石斧为武器，打败了鱼氏族。酋长死后，人们为了纪念他，在其瓮棺上描绘酋长的英勇事迹，石斧乃成为氏族酋长的象征。

山东陵阳河大汶口文化遗址出土的陶尊，亦刻有石斧图像。据专家考证，此为“斤”字，即斧字的原始图形文字，也是中国目前所发现的最早的文字之一。

仰韶文化遗址与大汶口文化遗址出土的石斧图像，时代均略晚于青墩遗址中文化层。仰韶文化遗址之彩绘石斧、大汶口文化遗址之刻陶石斧与青墩遗址之仿制石斧的陶斧，分别在绘画、书法、雕塑等艺术领域再现了新石器时期人类最主要的生产工具之一——石斧的形象。青墩遗址出土的仿制陶斧因其时代相对更早，艺术创造过程更为复杂，难度更高。迄今为止，在中国所发现的三件以石斧为对象的新石器时期原始艺术品中，青墩陶斧无疑具有更为独特而领先的地位。青墩陶斧出土之中文化层时期，已进入父系氏族社会，从陶斧小巧精致的形体及柄端之三角形小孔可推测，有可能它为氏族酋长随身悬挂佩带之物，象征主人的身份及权威；也有可能它是氏族主持占卜祭筮的巫师所持之物。青墩遗址出土的祭天之玉璧、祭地之玉琮，以及占卜之鹿角刻画纹与锥点纹，说明巫师在古青墩人生活中有极大的影响与作用，乃至具有崇高的社会地位。此时，陶斧应是巫师手中所持的神圣的威力无边的法器。盘古神话中盘古所持巨斧形象正是由此而来。

海安青墩新石器时代遗址出土的带柄穿孔陶斧由实际劳动工具上升为崇拜的图腾，成为人类原始理想神话的最初“范本”，盘古神话传说可以于兹追寻最初的起源。

（张贵驰）

青墩动植物遗存

西晋张华《博物志》中提到："海陵县多麋，千万为群，掘食草根，其处成泥，名曰麋塍，民随而种，不耕而获，其利所收百倍。"

清乾隆《州乘一览》中还提到："廖家嘴，一名料角嘴，在州东吕四场……地产仙草，遇晴明，渔人每见海岛中，麋鹿浮水至，衔其草，缠置角上而去。"

青墩古人生活时期的地理环境

1977年，南通博物苑在江苏中部海安青墩发现了一处新石器时代遗址，1978年、1979年，南京博物院主持发掘，先后出土大量陶器、石器、骨器和玉器，发现丰富的动物化石（亚化石）及一批古人骨架。有关单位对遗址的文化层进行了划分和研究，采集古土样品做孢子花粉分析，并对埋藏的古树根做放射性碳14绝对年代测定。依据孢粉分析，结合其他资料，推证出新石器时期江苏青墩古人生活的地理环境及全新世中、晚期自然环境的变化。

二、青墩遗址的地理位置及其文化层剖面

青墩遗址位于江苏省南通地区海安县西北部（图8），东距黄海、南离长江均约60公里，属长江三角洲的一部分。地质构造属下扬子古生代褶皱带苏北坳陷区；近期处于海退成陆过程中。遗址附近为古代泻湖沼泽平原，平原高出海平面2～3米，青墩是块面积约7万平方米的台地，海拔4.6米，台地四周有河流围绕，大片新石器时代遗址就分布在台地上。遗址剖面厚2～3米，一般可分出5～6个文化层。孢粉采样选择在第1和第10探方，重点做第1探方。第1探方位置：东距三杨河8.2米，西距青墩新河79.2米，北距青墩后河28.6米，探方面积4×4平方米，自上而下可分为7层（图9）：

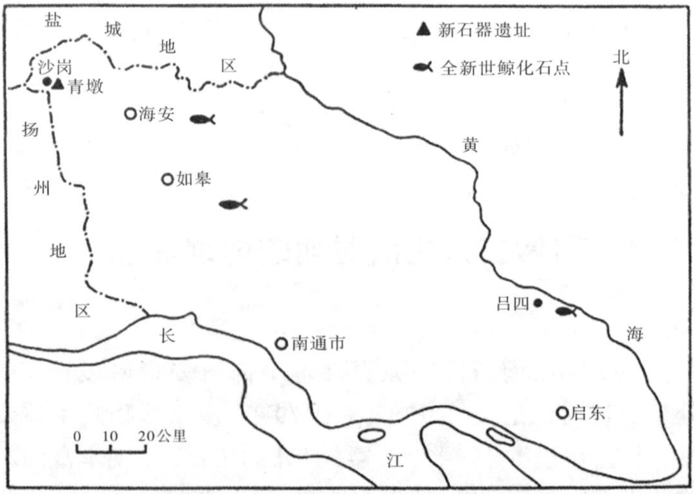

图8 新石器文化遗址及鲸化石分布图

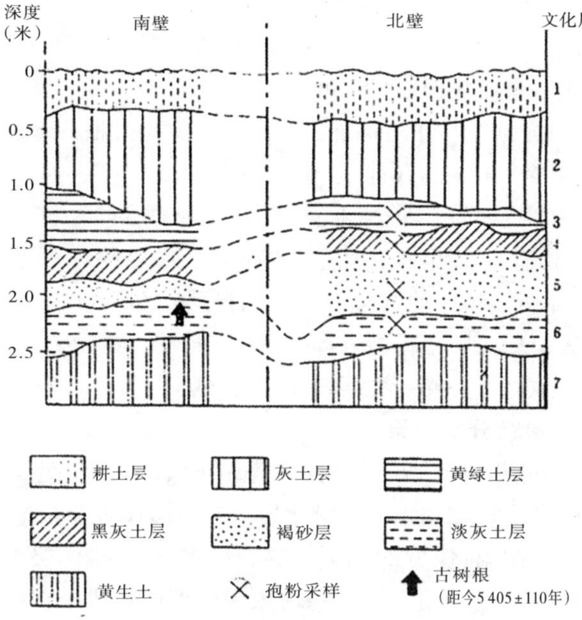

图9 青墩新石器文化遗址第1探方剖面图

第1层：厚0.2~0.5米，耕土层，有现代瓷片。

第2层：厚0.6~1.1米，灰色土层，有宋、元、明代的陶瓷片。

第3层：厚0.1~0.4米，黄绿色土层，质较硬，夹有淡褐色硬土粒，出土陶瓷片、青瓷片、夹砂（贝）粗陶器、家猪牙及麋角化石。

第4层：厚0.1~0.4米，黑灰色土层，质细较黏，有较多灰烬和少量木炭。出土以泥质陶片为主，夹砂红褐陶片和夹贝黑陶片比第3层多，自底部开始出现猪牙和动物肢骨。

第5层：厚0.1~0.6米，褐色堆积层（褐砂层），深褐色粗砂。出土泥质红陶、夹砂陶片、陶纺轮、陶珠、陶丸和石凿，有明显的用火痕迹。本层是动物骨片和骨角器的主要堆积层，又以麋骨最多。

第6层：厚0.15~0.5米，淡灰色土层，质细有黏性。出土夹砂陶片、陶弹丸、陶纺轮和动物骨化石，有少量木炭。本层（同一探方的南壁）离地面2.3米处发现古树根，经碳14年代测定距今5 405±110年。

第7层：淡黄色黏土、亚黏土，出土物减少。

青墩遗址共出土古人骨架98具，大多数埋藏于地下1.5~1.6米处。各种动物化石主要出自第5、6层。共鉴定有20种：智人、犬、狐、鼬、鼬、犀、家猪、野猪、麂、梅花鹿、麋鹿、獐、牛、金龟、鱼、鳖、鳖、乌、粪、蚬。

三、孢粉分析结果

孢粉分析样品取自第1探方第3~6层，样品离地面分别为1.3米、1.6米、2.0米、2.3米；另取自第10探方第4层，离地面1. 6米。在第1探方的第4、5层有许多灰烬，第6层土样分离出相当多的菌类化石，这些现象说明剖面形成于较稳定的环境，化石孢粉保存较好。

分析结果共鉴定30个科或属的植物孢子花粉，总的看来有大量水生、湿生草本植物花粉，蕨类孢子也不少，而木本植物花粉不多。

第1探方各层孢粉如下：

第3层：木本植物花粉占6%，有松属、柏科、柳属、椴属。草本植物花粉占64. 5%，其中眼子菜科占50%，黑三棱科占6%，还有香蒲科、水鳖科、莎草科、蒿属、毛茛科、十字花科等花粉。蕨类及其他孢子占总数的29.5%，以水龙骨科孢子最多，并有凤尾蕨属、骨碎补科、里白属、石松属、蕨属、水蕨属、铁线蕨科、阴地蕨属、石韦属等孢子。

第4层：木本植物花粉占3.6%，有松属、柏科、柳属。草本花粉占94%，其中黑三棱与眼子菜科花粉共占42%，禾本科花粉占28%，还有莎草科、香蒲料、蓼科、鸢尾科的花粉。

蕨类的水龙骨科和苔藓类孢子共占2.4%。

第5层：未见木本植物花粉。草本花粉达93%，其中以眼子菜科、黑三棱科为最多（合占89%），并有禾本科和莎草科花粉；7%为蕨类石松属、里白属和水龙骨科的孢子。

第6层：木本植物花粉较上述各层多，占11%，有柏科、榆科和柳属花粉；草本花粉占57%，依次为黑三棱科、豆科、眼子菜科、香蒲科、禾本科、莎草科、荨麻科、藜科、毛茛科、蒿属；蕨类孢子占32%，有水龙骨科、石松属、骨碎补科、凤尾蕨属、蕨属和水蕨属。

第10探方第4层黑灰土中，鉴定的孢粉有柏科、松属、眼子菜科、莎草科、水蕨属、石松属、蕨属、里白属、凤尾蕨属（见表1）。

在距今约1万年的全新世期间，各地气候有所差异，但气候变化的规律却具有共同性。因此，对全新世气候期的划分虽然有各种不同的方案，但大多数都划出一个气候最适宜期，即气温和湿度最高时期，这也是植被生长最好的时期。

目前，国内全新世标准地层不多，可以参考辽宁省南部全新世地层的划分方案。根据沉积物的孢粉分析和碳14年代测定的研究，把全新世气候期划分为三段，早期距今10 000年至8 000年，中期距今8 000年至2 500年，晚期距今2 500年。辽南全新世早期气候转暖，温和干燥；中期最为温暖湿润；后期有变干趋势。青墩地区与辽南地区的全新世沉积物的孢粉组合不甚相同，但组合变化所反映的气候规律是可以比较的。在青墩剖面中，没有采集全新世早期的沉积物，下面就中、晚期沉积的孢粉组合和碳14年代测定数据，进行对比并划分气候期。

根据青墩遗址第1探方各层孢粉的变化，第6层的木本花粉和蕨类孢子最多，有喜暖热的凤尾蕨和水蕨孢子；第5层则以水生、湿生草本植物如眼子菜科、黑三棱科等花粉占

表1 青墩遗址剖面孢粉统计表

Tab. Pollen staistics(in%) of Qingdun remains profile

鉴定植物科及属		第1探方				第10探方
		第3层	第4层	第5层	第6层	第4层
		1~1.7米	1.2~1.95米	1.34~2.4米	2.3米	孢粉粒数
孢子花粉总数		200	275	86	122	25
木本植物%	松属Pinus	3.0	1.2			1
	柏科Cupressaceae	2.0	1.2		9.0	4
	柳属Salix	0.5	1.2		1.0	
	榆科Ulmaceae				1	
	椴属Tilia	0.5				
	小计	6	3.6		11.0	5
草本植物%	荨麻科Urticaeeae				2.0	
	蓼科Polygonaceae		1.2			
	藜科Chenopodiaceae	1.5			2.0	
	毛莨科Ranunculaceae	0.5			1	
	十字花科Cruciferae	0.5				
	豆科Leguminosae				13.0	
	蒿属Artemisia	3.0	4.8		1.0	
	香蒲科Typhaceae	1.5	4.8		3	
	黑三棱科Sparganiaceae	6.0	28	34	15	
	眼子菜科PotamogHonaceae	50.0	14.0	55.0	12.0	1
	水鳖科Hydrocha rilaceae	0.5				
	禾本科C-ramineae		28	2	3.0	
	莎草科Cyperaceae	0.5	12.0	2	3.0	1
	百合科Liliaceae				2.0	
	鸢尾科Iridaceae		1.2			
	未能鉴定	0.5				
	小计	64.5	94	93	57.0	2
蕨类及其他%	石松属Lycopodium	1.5		3.0	6	2
	里白属Hicriopteris	2.5		2		1
	凤尾蕨属Pteris	4.5			4	1
	蕨属Pteridium	1			2	2
	水蕨属Ceratopteris	0.5			2.0	4
	骨碎补科Davalliaceae	3.5			5.0	
	铁线蕨科Adiantaceae	0.5				
	阴地蕨属Bot rychium	1.5				
	水龙骨科Polypodiaceae	11.5	1.2	2.0	11.0	
	石韦属Pyrrosia	1				
	苔藓Bryophyta		1.2		1	2
	绿藻Chlorohyta	0.5				4
	环纹藻Concentricysts	1.0			1	2
	小计	29.5	2.4	7	32	18

绝对优势；第4层中，木本花粉又重新出现，水生植物花粉减少。这三层沉积物的孢粉组合均反映古植物的生存环境温暖潮湿。前已述及，第6层埋藏的古树根年代为距今5 405±110年，因此这三层可考虑为全新世中期的沉积，与气候最适宜期相一致。关于第5层，由于缺乏陆生木本植物，而有大量水生植物，可以说明曾经存在过大范围的水生环境。

上述同一剖面的第3层，沉积物中的孢粉以松属增多而水生植物眼子菜科保持较大的比例为特征。古气候温暖湿润，但比前一阶段略微干些，因此第3层以上属全新世晚期沉积。

分析结果表明，青墩遗址剖面的地层时代属全新世中、晚期，新石器时期的文化层主要分布在全新世中期的地层里，古气候由全新世中期的温暖潮湿转为晚期的温暖湿润。

四、青墩古人的生活与自然环境

本区现代地势平坦，河湖众多，南面有南通狼山残丘分布。气候温暖，四季分明，年平均温度13.5~15.5℃，年降水量900~1 200毫米。

目前是农业栽培较发达的地区。自然植被已很稀疏，根据现有情况推知，原地带性植物应是以壳斗科为主的常绿落叶阔叶混交林。丘陵上有马尾松，此外还有杉木林、毛竹林。湖泊地区水生植被繁茂，有茨藻、眼子菜、狐尾藻、菱、金鱼藻、水鳖等。

从青墩遗址剖面的孢粉分析和出土资料看，古人生活时期的自然环境与现代相似，人类活动对环境的影响也是十分明显的。当时树林稀疏，由松、柏、柳、椴和落叶阔叶树等组成，这些树木对环境的适应性较强，常生长在略高的台地、残丘上。野生的麂、梅花鹿、野猪等栖宿于树林灌丛之中。古地形平缓，水域广阔，繁殖了大量的水生、湿生草本植物。古植被中缺乏典型的热带成分，有一些亚热带成分如里白属和喜欢温暖条件的凤尾蕨、水蕨等，水蕨常生长于热带、亚热带、暖温带地区的池沼水沟之中。因此，古青墩地区在气候上属亚热带与暖温带之间的过渡地带，与现今的北亚热带气候相仿，温暖而又潮湿。滨海平原上，湖沼中水草丛生，丘陵、低台地上分布着树林灌木丛，大量野生动物与人类共存。

在这气候宜人的古滨海平原上，良好的自然条件促进了新石器文化的发展。古孢粉植物群中，除大多数为自然生长的成分之外，还有相当数量代表农作物的“文化花粉”，如禾本科、豆科、荨麻科。显微镜下鉴定的禾本科花粉大多数为35～40微米大小，有的花粉外壁孱弱，似是燕麦或大麦的花粉，还有的像水稻花粉。从遗址中出土的大量磨制精致的石器农具（铲、锄、斧、锛、凿等），均显示出农耕业在古人生活中的重要地位，尤其是第4文化层，禾本科花粉大量出现，占孢粉总数的28%，这是新石器时代中、晚期农耕业进一步发展的证据。

第6文化层有占组合2%的荨麻科花粉，可能是苎麻属的一种。同层出土物有陶纺轮，可以推测，古青墩人已经开始种麻纺线织布了，南通地区纺织业发端的源头似乎可追溯至5 000多年前。

青墩遗址出土大量动物化石（亚化石），以麋鹿（四不像）化石最多。

众所周知，现代野生麋鹿已基本消失，但根据化石、出土文物和历史记载，全新世中期之前，麋鹿曾遍布我国北方平原和长江流域。随着气候的变化，特别是人类社会活动的影响，野生麋鹿大量减少，分布范围也日渐缩小。就江苏南通地区而言，一直到1 000多年前，麋鹿群仍非常多。

这里水域广阔，丰富的水生植物为麋鹿提供足够的食料。遗址中出土的大量麋鹿骨，许多已被加工为各种骨器，或作为制作工具的原材料成堆存放，可见当时麋鹿群之多，它们与古人的生活联系又多么密切。麋鹿已成为重要的狩猎对象，或许已经被驯养了。

此外，遗址中有大量蚬壳、多种鱼、鳖化石和捕鱼工具——骨镞和骨鱼镖等，当时青墩人利用近海和多河湖的天然条件，捕鱼佐食，这也是他们的生活内容之一。

概言之，5 000多年前，古青墩人生活在得天独厚的滨海平原上，从事农耕、渔猎、饲养（出土物有牛、家猪和犬的化石）、纺织等多种生产活动，随着时间的推移，农耕业越来越占重要地位。

五、青墩地区全新世中晚期古地理的变迁

根据岩性、孢粉组合和碳14年代测定资料，已将青墩遗址剖面第4~6层定为全新世中期的沉积，这三层沉积环境各有差异，如第6层为淡灰色土层，其埋藏古树根的碳14年代为5 405±110年，当时在已经成陆的滨海平原上，气候温暖潮湿，植被生长良好，土壤腐殖质较丰富，因而形成了淡灰色土层。由第6层的淡灰色土层转为第5层的褐砂层时，沉积物的差别说明沉积环境发生较大的变化。当时植物相当贫乏，几乎全为水生、湿生植物，例如在咸水或淡水环境中均宜生长的眼子菜科花粉就占总数的55%，黑三棱科花粉占34%；水域动物——麋鹿众多。这时在大面积水域的环境下发育了第5层沉积物。根据沉积速率计算，大约是在距今5 000年至4 000年间沉积而成。1970年在青墩以东30公里的海安县西场公社迎春大队，曾出土鲸类腰椎骨化石，是全新世之鲸类遗骨，由此说明全新世期间，黄海海水曾经到达过这里，若与现代海岸线相比，海水曾西进约30公里。有理由推测：发生在距今5 000年至4 000年间的水域扩大可能是由黄海海侵所造成的，第5层的褐砂层则可能是由海水携来的砂土沉积而成。该层出土物与第6层出土物甚为相近，两层为连续沉积，气候温暖潮湿。距今4000年及其后，黄海水退，水域面积缩小，随之水生、湿生植物比例下降，木本植物得以繁殖，在较稳定的环境下渐渐沉积了腐殖质丰富的黑灰色土层，即剖面的第4层，气候仍然温暖潮湿。

进入全新世晚期（距今2500年）以来，形成剖面的第3层，植被成分中松属增加，气候趋向略干，土壤中有机质减少，发育了黄绿色土层，此时气候已由全新世中期的温暖潮湿转为晚期的温暖湿润。

六、小结

江苏青墩新石器文化遗址的地层时代属全新世中、晚期，主要是中期。当时青墩地区地处滨海，地形平坦，河湖水域比现今广阔，距黄海近得多。在距今5000年至4000年间，曾经历过海侵，海水直达青墩。

5000多年前的青墩地区，生息着勤劳的青墩古人，他们生活在亚热带温暖潮湿的气候条件下，从事农耕、渔猎、饲养、纺织等多种生产劳动，创造了十分发达的原始文化。

（黄赐璇　梁玉莲）

青墩遗址的动物遗存

南通南临长江，东濒大海，是长江三角洲的一部分。青墩遗址东距黄海60公里，北接盐城地区的东台县，西邻扬州地区的泰县。这里属于古泻湖沼泽平原；海拔高度一般在3米上下，有的地方只有2米。

1971年，在沙岗公社新村大队发现了带有人工砍削痕迹的麋角枝。1976年又在青墩大队青墩新河两岸，发现了新石器时代的遗迹，通过多次调查研究，确认这里有一个新石器时代的遗址，并采集到兽骨亚化石120件。1977年，南通博物苑在这里进行了两个探方的试掘，出土动物骨骼1 600多件，经选择，保留了499件标本。1978年和1979年，南京博物院主持第3至第15探方的发掘，采集到3 000多件动物残骸。

已发现的动物遗存，大多分布在第5、第6文化层内；第1探方中伴出的树根，经碳14年代测定，距今5405±110年。动物的骨角多属亚化石，依其属种列名单如下：

一、青墩遗址动物亚化石群名单

（1）智人

（2）犬

（3）狐

（4）鼬A

（5）鼬B

（6）犀

（7）家猪

（8） 野猪

（9） 麂

（10） 梅花鹿

（11） 麋鹿

（12） 獐

（13） 牛

（14） 金龟

（15） 鳖 A

（16） 鳖 B

（17） 鱼

（18） 鸟

（19） 粪

（20） 蚬 （5）

二、标本描述

（1） 智人 完整的整体骨骼2具，股骨2根，肱骨1根，颞骨残块1件，头盖骨片11片，右下门齿1个。

（2） 犬 下颌骨12个，其水平枝下沿呈弧形弯曲，度量尺寸和已知标本相近，推测可能为家犬。肱骨远端1件，标本保留长度63毫米；近于完整的肱骨1根，长178毫米；桡骨1根，长163毫米；桡骨远端1件，保留长140毫米。

（3） 狐 头颅骨1件。

（4） 鼬A 完整的肱骨1根，长103毫米。

（5） 鼬B 股骨残段1件，缺远端，保留长67毫米，可能是獾或类似獾的物种。肱骨远端1件，保留长52毫米；较完整的肱骨2件，一件长79毫米，一件长76毫米。这3件肱骨可能属于水獭或类似水獭的物种。

（6） 犀 门牙残段1件，可能是犀的门牙。

（7） 家猪 下颌骨残块87件，上腭骨残块25件，头骨2个，臼齿72个，犬齿17个，门齿12个，肋骨残段24件。牙齿中的M_3或M^3绝大多数已受磨蚀，但程度还不深。我们将1979年发掘中所采集的100个猪的第三臼齿M33和乳前臼齿DP44，作了如下统计：幼年猪占5%，青年猪占37%，成年猪占51%，老年猪占7%。

以上青年和成年猪占总数的88%，这些猪多死于青壮年，显然不是自然现象，只能解释为被人宰食。骨骼上的股肉附着面比较光滑，它的尺寸也较小，说明其野性已大大减弱。这些都证实属于家猪。

（8）野猪 下颌骨3件，其中1件自联合部吻前端至右M3后端长237毫米，骨面比较粗糙，疑为野猪。

（9）鹿 犬齿1个，右角枝1件，眉叉和主叉上端断缺，节部断于人工切割；主叉保留长为56毫米。

（10）梅花鹿 角枝残段6件，综观其特征，角有4叉，眉枝与角节部距离甚近，主枝底部有粗糙的深沟，角面具有瘤突，其中有3件基部断于人工断口，已成为1种角质工具。右下颌骨残段1件，保留长97毫米，载P4、M1、M2。幼年下颌骨4件，其中1件全长174毫米，载P3、P4、M1未萌出。牙1件。

（11）麋鹿 麋鹿的遗骸在青墩遗址出土的各类动物中，占较大的比重，至今所得可鉴定的标本有1 200多件。角枝残段987件，角项纵沟及沟垄上的瘤突明显，有的存有小刺，分枝交汇处扁平宽大，前枝的分叉和小叉的交角都近90°，但不超过90°。其中一件右角枝后枝断于人工切割的断口，前枝向前向内向上的叉断缺一个小叉，节部径67毫米×61毫米，主干长140毫米，前枝干长196毫米，前枝向内向上的叉干长176毫米。头骨8件，上腭骨26件，齿193个，肋骨残段16条；下颌骨66件，其中11件属幼麋，多存有乳齿。

成年下颌骨标本与殷墟出土的标本相比较，可以证明确是麋的骨骼。

（12）獐 1件缺远端的桡骨，保留长116毫米；掌（？）

骨2件；4个犬齿，剖面呈椭圆形，弯曲度不大，珐琅面磨蚀程度较大，其中有两件外缘存明显的人工磋磨痕。

（13）牛 跟骨2件，掌（？）骨1件，距骨1件；下臼齿3个，其中一个右下臼M2，舌面之下部略有损坏，齿根断缺，冠高83毫米，新月状嚼面，有圆形齿柱。1块肋骨碎片，面较宽，可能是水牛。

（14）金龟 背甲碎片37件，腹甲26片，背甲4片。

（15）鳖A 碎甲片3件。

（16）鳖B 碎甲片11件。

（17）鱼 33件，包括头骨、鳃盖骨、腭骨、椎骨、肋骨、齿及其他碎骨，其属种有待进一步鉴定。

（18）鸟 鸟类骨骼70件，其属种有待进一步鉴定。

（19）粪 粪便亚化石6件。

（20）蚬 蚬等无脊椎动物亚化石。

上列动物遗存种类达20种，它们的发现，给研究青墩人的生活提供了实物资料。首先，证实了四不像——麋鹿，古代曾成群地活跃在本地区的沼泽地带，它和人类的关系至为密切。西晋张华《博物志》中提到："海陵县多麋，千万为群，掘食草根，其处成泥，名曰麋畯，民随而种，不耕而获，其利所收百倍。"

海陵县建制始自汉代，即现在的泰州，以及南通地区的海安、如皋一带。泰州市博物馆也藏有很多麋鹿的亚化石。而青墩遗址仅在3 000多平方米面积的地层中，就出现大量麋鹿的遗骸，可见《博物志》的记载是有根据的。

清乾隆《州乘一览》中还提到：

> 廖家嘴，一名料角嘴，在州东吕四场……地产仙草，遇晴明，渔人每见海岛中，麋鹿浮水至，衔其草，缠置角上而去。

料角，或谓“蓼角”，是江海交汇处的砂嘴。吕四场在今南通地区启东县。

清代《嘉庆如皋县志》引用了南朝时陶弘景语和明万历吕克孝《如皋县志》中的记载：

> 麋，陶宏景云：海陵最多，千百为群。吕志谓如皋海陵故地，而今绝少，岂地气变迁耶。然海滨之麋，鲨鱼所化，即有之，与北方殊性矣。

以上文献资料，反映了古代的麋鹿生活在近水的沼泽地区，以海边的草和草根为主要食料，并且还能游泳。几千年来的变迁，由“千万为群”而至明代就已很少，直至到了难以发现的地步。因此，当时人们不易了解它，只因为它能游泳，就被误认为是鲨鱼的化身。麋鹿之所以越来越少，和气候的变迁很有关系，人们的大量捕捉也是个原因。在青墩遗址中发现的麋鹿骨骸多属残段碎片，许多角枝和骨骸上留下人类加工的各种痕迹。已收集到的987件角枝残段中就有419件都有砍削痕迹。100多件偶蹄动物（多属麋）的掌（？）骨，在近关节端60～90毫米处，被人们有规律地割断。许多骨角器，包括骨镞、骨鱼镖、角锥、角纺轮等，都存有火烧的痕迹。可见当时麋鹿已成为人类狩猎的主要对象，不独成年的，就是幼年的也不能幸免。麋鹿，除它的肉可供食用外，骨骼也成了人们制造工具的原料。石料在本地区并无资源，人们在用宝贵的石工具从事生产的同时，又选择了比较坚硬而来源丰富的麋鹿骨角来制造工具，可见在当时麋鹿对于人类显得多么重要。

在青墩遗址，还密布着蚬壳的堆积层，说明当时人们除以麋鹿为主要的狩猎对象外，还大量捕捞蚬作为水产资源。鸟类和鱼类的标本尚待进一步鉴定，但伴出的骨鱼镖等工具，已在我们面前展示了青墩人当年那种勇敢勤劳的生活景象。尤其是夹贝陶器的普遍出现，反映出滨江临海地带人们对自然资源的充分利用。

此外，家犬、家猪、水牛等动物骨骼，尤其是家猪标本，为我们探讨青墩新石器时代饲养经济情况，提供了一些实物资料。猪的驯化程度较好，家犬和水牛的出现，也说明驯养技术有了提高。

由此可见，当时青墩除农业生产外，渔猎经济仍占重要地位，而饲养经济也已相当发达。

遗址中出土的人骨架共98具，南通博物苑采集2具完整的予以保存，其余都由南京博物院收集、处理。

可能由于标本多在墓葬集中的地点掘得，所以属种还不够丰富，尚未反映遗址动物群的全貌。

（徐志楠）

吉家墩遗址的古植被与古气候

吉家墩遗址是海安境内的又一处新石器时代文化遗址。自1983年发现以来，经过两次调查、试掘，研究人员已初步掌握了该遗址的基本情况。在试掘过程中，为了作孢粉分析，于遗址东侧南北向探沟的东剖面进行了系统采样，由中国科学院地理研究所黄赐璇先生进行了孢粉分析统计，从而，为研究该遗址全新世古植被、古气候变化和地层划分提供了资料。

一、地理地质概况

吉家墩遗址位于海安县城北偏西8公里，串场河以西2.5公里的吉家墩村南边，面积约2万平方米，地理坐标北纬32° 36′、东经120° 24′；海拔高度约3.1米，平均温度14.6℃，年平均降雨量1 070毫米，自然区划属北亚热带季风性湿润气候；气候特点是受季风环流的支配，具有过渡性、海洋性、季风性。冬季以少雨寒冷天气为主；春季为冬夏季风过渡季节，天气多变，乍暖乍寒；夏季炎热多雨；秋季天高气爽，自然植被属北亚热带落叶阔叶与常绿阔叶混交林。

剖面研究的深度范围在0.8～2.62米，其岩性为：

(1) 0.8～1.24米　锈斑黄绿土层，褐铁矿锈斑含量很多，夹有云母片。

(2) 1.24～1.82米　灰黑色土，夹有黄色与褐色土块、朽木、陶片和少量蓝蚬。

(3) 1.82～2.62米　黑灰土，夹有大量泥炭，多见贝壳和草木质纤维。

（4）下伏地层 灰色粉沙土。

二、孢粉组合及古植被、古气候

本剖面共分析孢粉样品5块，孢粉数量和种类都相当丰富，单个样品统计孢粉67~248粒，共统计孢粉699粒，包括46个科属。所见植物孢粉，针叶树种主要为松属和少量的油杉属、铁杉属，亚热带落叶阔叶树种主要有栎属、栗属，其他还有少量的胡桃属、枫杨属、桦属、桤木属、榛属、水青冈属、蔷薇属，以及喜暖的枫香属、漆树属、冬青属、勾儿茶属等。草本植物主要以水生湿生黑三棱、眼子菜科为主，其次为盐生植物藜科、莎草科，占比例显著，蒿属占有一定的比例，此外还有少量的荨麻科、毛茛科、堇菜属、狐尾藻属、伞形科、猪殃殃属、禾本科。蕨类植物以水龙骨属占比例最大，喜暖里白属、凤尾蕨属、蕨属、水蕨属等，占有显著比例，在蕨类孢粉中还有石松属、海金砂属、金毛狗属、骨碎补科、铁角蕨科、石韦属等，占比例很小。

在剖面孢粉总数中，木本植物占40.5%，草本植物占32.5%，蕨类植物占27%。

根据孢粉组合特征，自下而上主要划分为：

Ⅰ带 松—藜—眼子菜优势带

深度 3.10~2.62米，样品P-16。岩性为灰色粉沙土。本带木本植物占孢粉总数的28.3%，其中分布极广、一般生于北温带、喜光而耐干旱的针叶树松属占16.5%，接近本剖面的峰值。草本植物花粉占多数（51.6%），其中具有代表性的耐旱盐生藜科植物最繁盛，含量达到本剖面的峰值，占25.2%，而淡水生、湿生植物黑三棱属科、眼子菜科占22.6%，含量在本剖面中最多。本带木本植物针叶树种还有油杉属、铁杉属，但数量很少，亚热带落叶阔叶树种栎属占有相当的比例，此外还有少量的榛属、栗属以及桦属和椴属等落叶阔叶树。蕨类植物孢粉也占有一定的比例（20.5%），其中含有喜暖的里白属和凤尾蕨属等。里下河南缘一带地势有一定的高差，在较高的岗地上，生长着相当繁茂的山地针叶树林，海水退出不久，淡水湖便已形成，水面积得到扩张，平原、滩地和沼泽地带分别长满了盐生与淡水生、湿生草本植物，而稀疏的落叶阔叶树杂生于草原中间，落叶阔叶树以栎属为主，其植被是以松、藜、眼子菜为主的针叶阔叶混交株——草原。从植物群的生态环境分析，大多数科属反映了温带的特征，但也有一定数量的亚热带成分，所以此时应处于北亚热带气候下的湿凉期。

Ⅱ带　栎—栗—松—黑棱三优势带

深度2.62~1.29米，样品P-14~P-11。岩性为黑褐色亚黏土或灰沙土。本带孢粉最丰富，反映的植物科属最多。木本植物中以落叶阔叶树居多，松属仍占有一定的比例，而盐生草本植物比例很少，只占0.4%，水生、湿生草本植物依然相当丰茂，但样品P-14同样品P-11的孢粉含量情况仍有差别，可以分为Ⅱ1、Ⅱ2两个亚带。

Ⅱ1亚带：深度2.62~2.00米，样品P-14。本亚带仍以针叶树松属占比例较大，喜凉湿的铁杉属含量虽少，但有所上升。而阔叶落叶树除栎属、栗属外又出现了喜暖的枫香属、勾儿茶属。蕨类植物孢粉所占比例最大，达54%，其中喜暖的里白属、凤尾蕨属、水蕨属等占20.6%，为剖面的峰值。但草本植物孢粉与前段相比大为下降，仅占20.8%。水生湿生植物眼子菜和黑三棱科仍然较多，而盐生藜科消失，表明水域沼泽面积虽有缩小，但还是比较大的，而海水则是又继续东退，与吉家墩遗址相距更远。岗地、平原和沼泽地带分层生长着较疏的针叶阔叶树木及以水生、湿生为主的草本植物，其景观为针叶阔叶森林草原。古气候同Ⅱ带相比，喜暖的植物有所增加，温度略有上升。全本样品孢粉总量（占剖面的14.5%）较Ⅰ带样品的总量（占剖面的26%）有显著下降，当是降雨较少，天气比较干旱。古气候带应划为北亚热带温和而干旱时期。

Ⅱ2亚带：深度2.00~1.29米，样品P-11。本亚带植物科属最多，在44个科属中占33个，其他样品在剖面中一般只占科属的20个左右。孢粉总量也最多，占剖面的35.5%，为剖面的峰值。木本植物以落叶阔叶科属为主，亚热带的栎属栗属占27.5%，明显高于松属（占13.7%），此外还杂生着少量的热带和亚热带的勾儿茶属、冬青属等落叶阔叶和常绿树种。草本植物孢粉占36%，亦为剖面的峰值，旱生和湿生植物约各占其一半。水生湿生植物虽不及下伏生土层的繁茂，但较Ⅱ1带有了明显的增多，而旱生植物的增多，反映了雨水适中，海水涨落处于稳定状态。本亚带蕨类植物最少，只占9.6%，表明木本、草本植物繁盛，则蕨类植物的生长便要受到制约。综上所述，此时，沼泽湖盆面积较Ⅱ1带有所扩大，地势渐趋平缓，气候温暖湿润，在沼泽周边的平原上形成了一片片郁郁葱葱的含有常绿阔叶成分的落叶阔叶混交林，只在距离较远的山丘岗地上生长着以松科各属为主的山地针叶树。由于气候温暖，雨量充足，在沼泽浅水地带又生长着丰茂的水生、湿生草本植物。此时的古气候较Ⅱ1亚带更加温暖、湿润，古气候带应为北亚热带暖湿期。

Ⅲ带　栎—栗—松—蕨类植物优势带

深度　1.29~0.8米，样品P-8~P-6。岩性为黄绿色浪沫埃尘沉积土。本带孢粉数量尤少，蕨类植物孢粉相对较多，以稀疏森林草原为特征，也可分为Ⅲ1、Ⅲ2两个亚带。

Ⅲ1亚带：深度1.29~1.09米，样品P-8，岩性为黄绿色褐斑土。本亚带木本植物占优势，占该样品孢粉数的54%，以栎、栗为主，还出现了典型的亚热带植物漆树属。喜凉的椴、桦等树种消失，草本水生植物孢粉比例明显减少，只占

4%，旱生植物孢粉也只占6%，均为本剖面的最低值。蕨类植物孢粉占36%，喜暖成分里白属、凤尾蕨属仅次于水龙骨属（占16%），比例较高。从孢粉群情况分析，本亚带气温又有所上升，干旱少雨，湖沼面积大大缩小，平原地带虽有所扩大，但只生长着比较稀疏的落叶阔叶树木和旱生草本植物，岗地上的林木只剩下少量的松属，当是炎热干旱气候条件下的植物景观。古气候应为北亚热带气候的热干期。

Ⅲ2亚带：深度1.09～0.8米，岩性为黄绿色沉积土。本亚带植物孢粉数量锐减，只占剖面的9.8%，为最低值。其中木本植物孢粉在该样品中比值最小，仅占8.8%。草本植物与蕨类植物孢粉在数量上比Ⅲ1亚带有所增多，但不显著。在木本植物中，针叶树松属和阔叶落栎属、栗属在数量上大体相当，松属较Ⅲ1亚带有所增多，但栎属、栗属大为减少，但喜暖的漆树和勾儿茶属仍占有一定比例，古气候在炎热程度上较Ⅲ1带可能和缓一些，但其景观仍然是疏林衰落，水面很少，动物依稀，一片荒凉。如果说Ⅲ1亚带尚存有Ⅱ带富有生气的生物群遗韵，则本亚带已完全改变了植被和生物群的面貌。古气候带应是北亚热带的干旱期。

三、古植被、古气候之演变及其地质年代

吉家墩遗址孢粉分析结果表明，其剖面大体经历了三个植被发展阶段和相应的三次古气候演变。由下而上，其演变状况如下：

第一段（下伏土表层）是以松和眼子菜为主的森林草原，气候比较温凉偏湿。先民们尚未进入或刚刚进入这一地点。

第二段（下文化层与中文化层）是由蕨类植物占优势的稀疏森林草原转为以栎、栗、黑三棱为主的丰茂的森林草原时期，古气候逐渐转暖进入最温暖湿润期。

第三段（上文化层和上层沉积土）植被为疏林草原，其林木树种以落叶阔叶树为主，但有转向以针叶树为主的趋势。古气候湿热干旱有向干凉发展的趋势。

吉家墩遗址位于里下河南缘，地处淮南，南临古长江，东傍古黄海，为江南至中原地区的过渡地带。其孢粉组合具有从南方太湖地区向北方中原地区过渡的特征。因此，我们分析了孢粉组合，确定其地质年代，在对比研究中考察了这种过渡性因素。

四、古植被、古气候演变之绝对年代

在孢子花粉样品采集中，我们注意到遗址层堆积的层位。遗址分为上、中、下三层，上述第一段植被孢粉采集于下层或近下层的生土层中。第二段植被孢粉样品采自中层。第三段植被孢粉样品采自上层或紧挨上层之上的沉积土中。有关遗址各层的年代，我们曾在中层遗存中取木炭，经文物保护科学技术研究所碳14年代测定，为距今5 415±105年，其早期文化面貌较之临近的青墩早期遗存更具原始性。青墩遗址早期经碳14年代测定，有两个数据，即距今5 970±77年和5 645±77年，所以吉家墩遗址早期文化遗存当不得晚于这两个年代。现将三个阶段的植被，对照遗址的上、中、下三层文化年代则知，第一段相当于下层年代，应距今5 900年至5 600年；第二段相当于距今5 600年至5 400年；第三段相当于上层，应距今5 400年至5 000年。

（徐治亚）

青墩出土的猪獠牙或许具备货币职能

货币是商品交换过程中自发产生的，这是马克思通过对商品、商品交换和价值形式发展进行研究后得出的结论。

新石器时代有无货币？在青墩遗址发掘过程中，从墓葬中出土了经过加工的新月形的猪獠牙，我们推测它似乎具备货币职能。

1978年春，南京博物院和无锡、南通、连云港博物馆（苑）的专家对青墩遗址进行考古发掘，出土了大量陶器、骨器和玉石器，并发现大量麋鹿角和兽骨化石，其中还发现了经过加工的新月形的猪獠牙，引起了人们的高度重视。

新月形的猪獠牙，最大的一件弧长22厘米，大部分剖为薄片并磨光，个别在根部钻 小圆孔。出土的8件獠牙分别出自5座墓内，其中3件放在成年男子骨架头端，5件放在成年男子胸腹部。这给我们提供了宝贵的实物证据。

1981年2月21日《新华日报》载“货币趣闻”：“美拉尼西亚（黑人群岛）的居民，有许多奇特的货币，其中最有价值的是猪獠牙，獠牙长得越弯，价值就越高，因此当猪还小时居民便拼命去弄弯它的獠牙，使其畸形生长……”

青墩遗址出土墓葬里未发现棺材之类的葬具，随葬品一般是用于炊煮、储盛、汲水和饮食方面的陶器，并有少量穿孔石斧、锛、凿、铲、骨鱼镖、角匕首、角锥、角勾、角纺轮等生产工具。这些生产工具，有的同时也是防身武器，这种个人财产可能没有发展成为氏族集体财产的对立物，恰恰相反，前者是后者的必不可少的补充，与其他生活资料一样，那是维持个人生活所必需的东西。出土的鹿角纺轮、凿、铲以及部分陶器足以证明当时已有多种手工业，由于有了多种手工业，生产力必定提高，生产劳动不再需要整个氏族来进行了，少数人就能耕种一片土地。于是，氏族分化成许多家庭，家庭变成了社会的经济单位。随着生产的个体化，剩余产品的增加，那么就会有交换的发展。由于氏族和部落首领均由成年男子担任，因此他们就会越来越多地利用职权，霸占和侵夺别人的财产。随着私有财产的产生，贫富分化的加剧，个人之间自然就出现产品交换，作为商品交换的必然产物，货币也就可能出现。

海安青墩遗址出土的经过加工的新月形的猪獠牙，与美拉尼西亚的居民作为货币使用的最有价值的猪獠牙有许多相一致的地方。因此有人认为，青墩出土的5000多年前新石器时代的猪獠牙可能被青墩古人看做一种有价物，或许在当时负有货币的使命，在交换中不固定地起着价值尺度和流通手段的作用，它既可以作为货币，也可以作为象征财富的装饰品。

（王兴圣）

青墩炭化稻谷

在唐代，扬州是要向唐王朝进贡野生稻米的（或许野生稻米的营养价值更高）。由于江淮地区肥沃，这片土地生长的稻米，特别是粳稻米的口感远比籼稻米要好。在物质生活已相对比较富足的大唐盛世，此地的穞生稻可能更受上层社会人士的青睐。

青墩炭化稻谷与江淮地区的水稻种植

1979年4月，南京大学历史系考古专业的12名学生在纪仲庆、张之恒、吴建民等老师的指导下，对青墩遗址进行了考古发掘。在发掘过程中，他们除戏剧性地发现了有柄穿孔陶斧外，还在第6文化层也就是遗址的最下部发现了炭化稻谷。而炭化稻谷的发现也有点奇特，据周晓陆教授介绍，这些炭化稻谷是在古人的粪便里被首次发现的。他在《青墩短歌·采桑子·稻米遗痕》中这样写道：

或出遗矢或星聚，
不是黄粱，直透禾香，
未饱胃肠热胃肠。

仓囤南北庆相立，
越地蒸尝，海隅鸳鸯，
几度梦中再打场。

周晓陆教授是考古学家，也是位诗人。他在学生时代就擅长写长短句。青墩考古发掘时，他在考古工地上用写现场日记的思路写出了深受老师和同学们喜爱的《青墩短歌》，词牌运用自如，词句铿锵，详细记载了当年的考古发现和他们激动的心情。

一、偏粳型稻谷的发现

《采桑子·稻米遗痕》真实记录了当时师生们发现炭化稻谷的情形。在细心清理出土物的过程中，他们发现了古人的粪便，再仔细察看，竟然发现了未完全消化的稻米，接着又在附近发现了成“星聚”状或成团成团散落的稻米……再后来，他们还发现了一小堆一小堆的稻谷……于是他们深知这一发现的重要性——此前浙江河姆渡遗址刚发现了炭化稻谷，为东亚水稻起源于中国找到了根据，而在青墩，在长江以北气候与地理条件远不如河姆渡的青墩遗址，在没有使用浮选法的情况下，就找到了炭化稻谷，这是何等鼓舞人心的喜讯！所以他说“仓囤南北庆相立”，“几度梦中再打场”。

领队纪仲庆、张之恒等老师知道周晓陆曾任过农技站站长，熟悉农作物栽培，便让他负责鉴定发现稻谷的类型。经过仔细观察并比照相关资料，周晓陆依据现场出土炭化稻谷的大小和长宽数据比，以及存在类粳型稻的小穗轴等特征而确定为偏粳型稻谷。这就使青墩出土的炭化稻谷具有了特殊的意义。因为浙江河姆渡遗址出土的炭化稻是籼稻，而青墩是类粳稻。类粳稻的生长周期长，栽培驯化要更复杂一些，所以周晓陆觉得眼前的炭化稻谷“直透禾香”，“未饱胃肠热胃肠”……

有人或许会疑问：周晓陆的鉴定可靠性怎样？直接肯定回答可能缺乏科学性，有许多东西是需要时间来检验的。事隔14年，高邮龙虬庄遗址通过浮选法发现的炭化稻谷证实了周晓陆的鉴定是正确的。

龙虬庄遗址距青墩遗址直线距离不到100公里，同处江淮东部地区。上世纪80年代，在龙虬庄遗址的一个探方内，考古人员通过浮选法发现了总共5 038粒稻米。经考古专家用现代科学方法检测，确定其为类粳型稻谷，这就从另一个侧面印证了周晓陆的判断是正确的。

二、水稻东传的轨迹

如果说青墩遗址、高邮龙虬庄遗址的发现还不足以佐证江淮东部地区在五六千年前就开始采集、驯化或种植水稻，那么地处淮河上游的贾湖遗址炭化稻谷的发现就不得不让人信服了。

考古专家们在贾湖遗址红烧土块中发现有10例稻壳印痕和外稃片。通过扫描电镜在这些稻壳印痕上发现了与栽培稻的相同之处，那就是它们都没有芒，也没有断芒的痕迹。为了更确切地考证，考古学家们甚至将贾湖遗址的水稻与中国北方和韩国数个遗址出土的水稻相比较，这些遗址的年代从新石器时代到青铜时代都有（公元前6 000—前1 500），结果发现，贾湖稻米的长、宽的平均值和范围值，以及长宽比和长宽积都落在晚期遗址的水稻范围内，或者有所超过。就是说，早在8 000至7 000年前，贾湖地区就存在类粳型稻的种植。而贾湖、龙虬庄、青墩恰好处在水稻东渐的路线上。

南京博物院考古研究所所长张敏先生主持了高邮龙虬庄遗址的发掘，他也曾参加过青墩遗址的考古发掘，他对水稻东渐有过深入的研究和分析，这里不妨让我们看看他编制的水稻东渐路线：

> 在对粳型稻作农业的传播途径进行研究时，发现不同时间的含有粳型稻作农业遗存的遗址分布有着一定的规律性：在8 000~7 000aB.P.之间，有舞阳贾湖遗址；在7 000~5 000aB.P.之间，有高邮龙虬庄、海安青墩遗址；在5 000~4 000aB.P.之间，有赣榆盐仓城、日照尧王城和栖霞杨家圈遗址；在4 000~3 000aB.P.之间，有韩国忠清南道家瓦里、骊州欣岩里、扶余松菊里遗址；在3 000aB.P.前后，有日本壹岐的原辻、九州北部的福田板付……若将这些遗址按时间顺序连接起来，便可清晰地勾勒出粳型稻作农业东传的轨迹：即贾湖→龙虬庄、青墩→盐仓城→尧王城→杨家圈→家瓦里、欣岩里、松菊里→原辻→板付……

恐怕没有什么比张敏先生研究绘制的这一路线图更能说明问题的了。毫无疑问，水稻东渐就是这个水稻东传路线的走向，而东亚水稻的起源，这一路线图构成的北线说[1]比南线说更有说服力。

三、江淮地区水稻种植的历史

青墩遗址出土炭化稻谷，表明早在5 000年前，青墩古人就开始采集种植水稻。而在青墩遗址西部或西北部的龙虬庄遗址、贾湖遗址的古人种植水稻可能更早些。

当然，由于上古时期原始部落的生存迁徙性较强，也不

[1] 参见本书《青墩稻作文化对日本弥生文化的影响》一文，第107页。

排除青墩古人就是从上述两地迁移过来的。但不管怎么说，江淮地区乃至江淮东部地区水稻栽培的历史非常久远。那么，有史记载的各历史时期，江淮地区的水稻种植又是怎样的呢？

《扬州市志》记载，唐“开元十九年（731）四月，扬州奏穞生稻210顷，再熟稻1 800顷，其粒与常稻无异”。

穞生稻就是稆生稻。稆生是指不种自生的，也就是野生的。唐开元年间，扬州地区居然还有210顷（折合3 150亩）野生稻，这说明江淮地区在古代曾是野生稻的世界。“扬州奏穞生稻210顷”，就表示在唐代，扬州是要向唐王朝进贡野生稻米的（或许野生稻米的营养价值更高）。由于江淮地区肥沃，这片土地生长的稻米，特别是粳稻米的口感远比籼稻米要好。在物质生活已相对比较富足的大唐盛世，此地的穞生稻可能更受上层社会人士的青睐。与此同时，我们也应该想到，为了少进贡，实际的野生稻可能要比“奏穞生稻210顷”还要多得多……

再者，扬州还有“再熟稻1 800顷”，且“其粒与常稻无异”。这说明，当时扬州已经大面积复种水稻了，用今天的话说就是“双季稻”。很显然，公元731年的扬州既有野生稻，也有“常稻”，还有“再熟稻”，真正是稻米之乡了。

扬州是这样，江淮东部地区也应该是这样，何况那时的泰州海安都属扬州管辖。为什么“穞生稻”与“常稻”、“再熟稻”能够同时存在呢？很可能是人力所限形成的。就是说，人力顾及不到的水网地带，任由野生稻自己生长，成熟了就去收割；为了增加产量，在人力缓过来时，又种“再熟稻”。这样扬州地区的水稻总量就大大增加。同样道理，远古时代的青墩古人、龙虬庄古人、贾湖古人，也可能如此处置水稻种植的人力矛盾。就是说，人力少就任由野生稻生长，成熟了去收割；人力有富余，就照看野生稻的生长，乃至选优去劣，直至收获；气候允许，又有人力，还可以复种水稻……

到了宋代，江淮地区的水稻种植又有了节省人力的新举措。史料记载，宋真宗“大中祥符五年（1012），江淮间引种占城（古南海国名）旱稻”。旱稻类似于今天的旱直播，省去育秧、移栽等诸多环节，可以大大节省人力。

查阅相关史料，原来占城也叫占婆，其疆域在今越南中南部。宋代时，江淮地区百姓已知道从占城引种旱稻，可以想见这一区域在宋代粮仓中已起着稻米基地的重要作用。

（王其银）

青墩稻作文化对日本弥生文化的影响

日本是中国的近邻，其考古学文化大致由绳文、弥生、古坟等不同时代组成；而区分绳文文化与弥生文化的重要标志是弥生时代出现稻作农业，以及伴随农业而出现大量陶器制作——弥生式新土器与带来先进农业生产技术的渡来人——弥生人。

研究弥生人创造的弥生文化，发现其渊源、特征与江淮东部的原始文化具有很多相似性，作为构成江淮东部原始文化重要组成部分的青墩稻作文化可能在其中起过重要的历史作用。

一、受全新世海侵青墩古人存在大范围迁徙的必然性

考古学家对江淮东部诸多遗址考古研究证实，全新世最高海平面发生在公元前5 500年前后，而江淮东部绝大多数遗址的文化层堆积和文化遗存都显示在进入繁荣发展的第二期后段时几乎全部突然消失了……只有青墩遗址和龙虬庄遗址东缘除外。南京博物院考古研究所所长张敏先生在他撰写的《龙虬庄》发掘报告中说：“尚有地处沙岗的青墩遗址和龙虬庄遗址的东部边缘留下了少量的龙虬庄文化第三期遗存，不久也消失不见。”这表明，青墩遗址和江淮东部的其他遗址一样，在全新世海侵以前，都曾发展到相当繁荣的阶段，而在大面积海侵的情况下，青墩古人依靠地势较高的岗地留下第三期遗存——但不久也一下子消失了。于是“江淮东部又成了文化的空白区”。

青墩古人到哪儿去了呢？张敏先生论及，高邮龙虬庄遗址在全新世海面上升进而导致龙虬庄文化出现两个分支时，“有一支在全新世最高海面发生之后向淮河上游迁徙，其西归的路线大致是从江淮东部经江淮中部最终至淮河上游一带”；另一支则顺海岸线北上至山东半岛，并“借助顺时针方向的黄海环形大海流，至朝鲜半岛南部的汉江下游，再经朝鲜海峡和对马海峡，以对马岛、壹岐岛为跳板，最终到达（日本）九州北部，并以此为原点，向九州南部及本州的近畿一带扩散”。就是说，高邮龙虬庄古人在全新世大面积海侵发生后，一部分人向淮河上游迁徙；另一部分人则沿海岸线北上至朝鲜，并有部分人辗转去了日本。高邮龙虬庄古人在遭遇海侵之后作出上述两种选择，作为面临同样际遇的青墩古人会不会也作出这样的选择？人们认为完全有可能。其原因是：

1.青墩古人比龙虬庄古人更熟悉大海的脾性

全新世发生大面积海侵，今人无法想象当时发生的情况，但有一点可以肯定，地理位置更靠近大海的青墩古人一定比位置明显偏西的龙虬庄人（直线距离80公里）更熟悉大海的脾性，在海平面上升的过程中，他们理应首先作出迁徙的反应。如果出现突然的灭顶之灾，则青墩古人应该比龙虬庄人有更多的战胜惊涛骇浪的机会——他们近海，常与大海打交道，对海潮的涨落、舟楫的驾驭（哪怕是浮木）非常熟悉，理应有更多的生存机会。而只要有人存活下来，他们就有可能迁徙。

2.青墩古人比龙虬庄古人更依恋大海

大海有取之不尽的食源，作为长期近海而又善于从事渔猎的青墩古人，一定会非常眷恋大海的无限惠利从而向往大海。因此，只要能躲过灭顶之灾，只要存在迁徙的可能，他们就能极力寻找地理位置近海而海岸线又比较稳定的新的栖息之地。于是，古海州以北的半岛地带就会进入他们的视线，进而不断北上东进，这一点，青墩古人在主观能动性上应该比龙虬庄古人更自觉，更具有判断力。

3.青墩遗存表明青墩古人躲过全新世海侵

全新世发生的大面积海侵虽然海岸线直至高宝湖一线，但江淮东部的广大区域仍有岗地存在，且这片被海水侵没的海湾地带，极有可能是浅海湾。这就为龙虬庄古人和青墩古人躲过灭顶之灾提供了可能。史料记载，上古海陵因江海浪潮的冲积形成了狭长的沙岗地带，相对地势较高，就是最好的证明。因此在全新世海侵之后，这一带仍有古人类活动遗存。虽然“三期”过后又成了“文化的空白区”，但这并不表明青墩古人和龙虬庄古人在后来的海侵中全都消失了，而是很有可能转移了。这种转移不排除沿海岸线北上东渡的可能。

需要指出的是，江淮东部远古人类与海侵的抗争，一直表现为“海进人退”或“海退人进”。就是说，远古人类自从认识了江淮平原这片江口与海湾构成的沃土之后，一直不肯放弃对这片土地的眷顾。因此，青墩古人或龙虬庄古人在“海进人退”之后，除了北上远途迁徙的（仍是对海的依恋），退居江淮中部或淮河上游的仍有可能在海退之后再重返江淮东部——当然，也不排除太湖、宁镇地区，或山东大汶口等远古人类向这里迁徙的可能性。

二、弥生文化与江淮东部原始文化有明显的相似性

日本弥生文化的重要标志是出现稻作农业和伴随农业而产生的弥生式新土器（陶器）。据日本考古学家发掘研究，这种弥生时代出现的稻作农业和新土器的遗存都集中在九州北部，其产生时代“可追溯到绳文时代晚期后半叶至末叶的山寺式时期和夜臼式时期，即绳文晚期的后半叶开始，海外移民涌入日本列岛，从此，日本进入弥生时代”。

九州北部位于34° N以南，与江淮东部纬度相同，其生态环境也与江淮东部的青墩、龙虬庄基本相同或相似。而在弥生文化早期遗址如板付、菜畑、绫罗木等发现的稻作遗存均为偏粳型或粳型稻，这与青墩、龙虬庄发现的稻作遗存也相同。

从伴随稻作农业而产生的弥生陶器上，可以明显看到江淮东部原始文化的文明因子或遗存。如泥质红陶涂朱的风格，陶器中的浅盘豆（高杯），高圈足的壶、罐和束腰的器座，以及将高圈足壶、罐分解为大喇叭形高器座上置壶或罐等，都与江淮东部的原始文化遗存具有一定的相似性。此外，弥生文化中随葬用的陶器，如壶的下腹部凿一个小孔的习俗，也有江淮东部原始文化遗存的风格。

墓葬在古代是一种最庄重最保持原有部族风格的习俗。日本弥生文化早期的墓葬，如山口县土井浜遗址所发现的墓葬，集中埋于氏族公共墓地，分布密集，排列有序，头向皆朝东，这与青墩遗址的墓葬习俗非常一致。夏寒教授在他的《青墩遗址墓葬研究》一文[1]中指出："仰身直肢葬是青墩墓葬的标准葬式，而仰身屈肢、侧身屈肢、俯身葬及二次葬可能是在特殊的情况下采取的一种特殊处理的方法。"令人瞩目的是，这些葬式、葬法在土井浜遗址中几乎同样存在。且土井浜葬地中许多仰身葬的死者脑后用石块垫高，使之面部向西，这显然是一种东迁远离故土后的望乡心态。

至于其他文化遗物，如石器、骨角器的加工制作，两者相比较差异也不大。石斧、石锛无论是器形还是壁厚、开孔均相近；骨角器的种类则有着惊人的相似之处，如青墩遗址中常见的骨镞、骨镖、骨凿、骨锥，还有骨箸、骨柶、骨针、骨笄等，在弥生文化中均可见到，且器形差异不大。这么多石器、骨角器相近或相似，不可能是偶然的巧合，这里面一定

---

[1] 参见本书"淮夷、徐夷与先民习俗"章，第155页。

有一种悠久的传承关系。

通过对青墩文化与日本弥生文化的诸多要素进行分析比较，可以看出两者之间确实存在很多可以相互满足传承条件的共同属性，且这种属性更多地表现在生产经验和文化习俗方面，这说明是全新世海侵后的部族迁徙到日本九州登陆进行了传播。

三、青墩古人参与江淮东部原始文化迁移的可能性

基于上述诸多方面的情况，经中日学者广泛深入的研究，目前双方已基本达成共识，即“弥生文化来源于中国沿海的东部地区”。但中国沿海的东部地区范围很广，到底来源于哪里颇有许多争议。这些争议概括起来有“南线说”与“北线说”。

“南线说”认为，弥生文化来源于长江下游以南的太湖地区，即良渚文化的分支渡海到达九州北部，或者来源于闽台地区，即河姆渡文化的分支经琉球群岛到达九州。“北线说”则认为弥生文化来源于山东半岛或辽东半岛，经朝鲜半岛到达九州北部。但“南线说”、“北线说”都不能同时具备迁徙的文化学背景和粳型稻作农业的生态学背景。说白了，就是既要有被迫迁移的动因（地理变迁带来的生存危机），又要具备粳型稻种植的生物学基础。山东半岛、辽东半岛虽有渡海便利，但当时无粳型稻种植水准，因而证据不足；太湖地区有粳型稻种植，却没有被迫迁徙的动因，还有古人无法克服的黄海环形大海流的影响。因此，“南线说”也难以成立。

随着江淮东部青墩遗址、龙虬庄遗址粳型炭化稻的发现，青墩古人与龙虬庄古人一起参与江淮东部原始文化北上东迁的可能性引起人们的注意。张敏先生在他的《龙虬庄》发掘报告中对龙虬庄文化有一分支北上东渡日本，进而萌生了对弥生文化的新的论述，非常令人信服。若此论成立，理应包括同样面临全新世海侵，同样具备文化学背景和生态学背景的青墩古人。让我们读一段张敏先生的精辟分析与论述：

> 在对粳型稻作农业的传播途径进行研究时，发现不同时间的含有粳型稻作农业遗存的遗址分布有着一定的规律性：在8000～7000aB.P.之间，有舞阳贾湖遗址；在7000～5000aB.P. 之间，有高邮龙虬庄、海安青墩遗址；在5000～4000aB.P.之间，有赣榆盐仓城、日照尧王城和栖霞杨家圈遗址；在4000～3000aB.P.之间，有韩国忠清南道家瓦地、骊州欣岩里、扶余松菊里遗址；在3 000aB.P.前后，有日本壹岐的原辻、九州北部的福冈板付、唐津菜畑、本州南端的下关绫罗木遗址。若将这些遗址按时间顺序连接起来，便可清晰地勾勒出粳型稻作农业东传的轨迹：即贾湖→龙虬庄、青墩→盐仓城→尧王城→杨家圈→家瓦里、欣岩里、松菊里→原辻→板付、菜畑→绫罗木，也就是说其传播的途径大致是从淮河上游至淮河下游，之后沿海北上至山东半岛……最终到达九州北部……

粳型稻的传播途径，实际上就是江淮东部远古人类的迁徙途径。至此应该明白，青墩古人确实有可能参与了江淮东部原始文化的大迁移——北上东渡日本，进而参与弥生文化的大合唱。

需要指出的是，这种参与是一个非常艰苦复杂的过程。迁徙的时间非常漫长，迁移的方向有很多不确定因素，在北上东迁过程中先民还要应对饥饿、疾病、猛兽和恶劣的自然环境的摧折，经过漫长遥远甚至是几代人的辗转迁移才能最终到达九州，这时，即便只有一个青墩古人的后代到达，那也极有可能把青墩稻作文化的因子在那儿播撒开来……

（王其银）

青墩麋鹿角刻纹

1979年江苏海安县青墩遗址发掘，出土骨角柶和鹿角枝上有易卦刻纹的有八个，例如三五三三六四（艮下、乾上、遁）、六二三五三一（兑下、震上、归妹）。其所使用的数目字有二、三、四，为前举三十二条考古材料所无，说明了它的原始性。这是长江下游新石器时代文化，无论其绝对年代早晚如何，在易卦发展史上应属早期形式，可以据此探寻易卦起源地点问题。

青墩遗址发现的奇字与易学研究

孙振声《易经入门》新版“出版说明”中指出：

《易》的占卜方式的起源现在尚不清楚，最早者见于江苏海安县青墩遗址中的骨角和鹿角枝上。

> 近年来的《易》学考古成果有二，即原始画卦符号的认读和马王堆帛书《易》的出土。在江苏海安县青墩遗址出土的骨角和鹿角枝、殷墟甲骨、周原甲骨、西周青铜器、湖北江陵天星观楚简上，有一种由六个数字组成的符号，长期以来被认为是不可识别的“奇字”，1980年张政烺先生指出这些符号是原始的卦爻形式……

该书提及了青墩遗址发现的奇字及其在易学上的价值，可惜内容方面却没有反映，这是不足之处。现略加论述。

一、青墩遗址发现的奇字

青墩遗址所在的海安县西北方向的沙岗青墩村，位于里下河南部，地势低洼，四面环水，中间有一条从南向北的青墩新河。

1978年10月至1979年7月，南京博物院在青墩遗址发掘时，出土文物除石器、玉器、骨器和陶器外，还有罕见的大量麋鹿角和骨骼亚化石标本，总数987件，其中419件上发现加工痕迹，8件上刻有奇字。目前，文献中经常引用的有两件，一件是麋鹿角，另一件是在麋鹿骨骼上刻画的奇字（图10-1）：

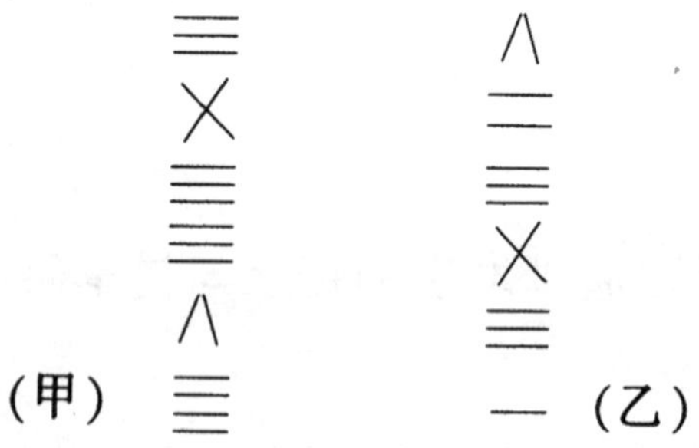

图10-1 麋鹿骨上的奇字

这引起了《易》学界的兴趣和重视。

二、奇字由六个数字组成

在谈青墩遗址发现的奇字以前，先介绍一下800多年前发现的西周奇字。公元1118年，湖北孝感县出土西周铜器6件（即安州六器），其中1件中鼎铭文（见《啸堂集古录》）如图10–2所示：

中鼎铭文

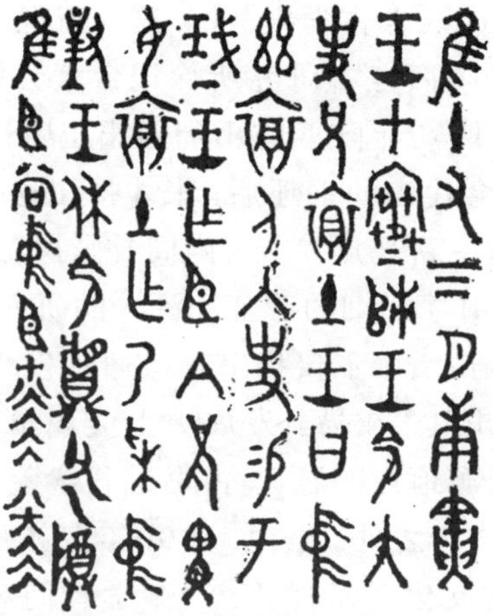

图10–2 西周铜器中鼎铭文

铭文最后两字，郭沫若《西周金文辞大系图录考释》中认为“末二奇字殆中之族徽”。1957年，唐兰收集历史上发现的奇字加以研究，认为是我国已经遗失的古代文字，这些奇字都由六个数字组合而成。

现在把青墩遗址发现的奇字，再和甲骨文数字、金文数字对照起来，列表如下：

现代数字	一	二	三	四	五	六
甲骨文数字	—	＝	≡	亖	☒	∧ ∩
金文数字	—	＝	≡	亖	☒	介
青墩数字	—	＝	≡	亖	✕	∧

由此便能认识青墩遗址发现的奇字，（甲）为3、5、3、3、6、4，（乙）为6、2、3、5、3、1，它们都是由6个数字组成的。

三、奇字中的数字都是筮数

奇字中的数字都是筮数，用奇数为阳爻，偶数为阴爻。6个数字组成重卦的新观点，是由中国社会科学院历史研究所张政烺教授首先提出的，确切地说是1978年冬季，在东北召开的古文字讨论会上提出的。后来张用这一观点写成的论文发表在1980年《考古学报》上。这一新观点的产生或有可能在当时受到陕西考古研究所徐锡台大会报告的影响，徐在会上提出了1977年陕西岐山周原出土甲骨上发现奇字的问题，引起与会代表的兴趣后，张才提出这一新观点。徐在1979年采用这一新观点发表《西周卦画探源》一文，他们两位在这方面都作了详细的考证和深入的研究。

张政烺在论文中不仅指出青墩遗址发现的奇字都是易卦符号，还指出其“在易卦发展史上应属早期形式，可以据此探寻易卦起源地点问题”。古书记载伏羲作八卦，伏羲是东方人；似有吻合之处。据说，1990年江苏张家港举办的我国东南滨海古文化学术讨论会上，学者们对易卦起源地点问题也发生兴趣。

徐锡台在论文中把青墩遗址发现的奇字即数字卦，变换为《易》中符号卦，并作了下面的解释：

> 甲，乃由三五三三六四等6个奇偶数组合而成的重卦卦画，将其变换为《易》中阴阳符号，成：䷠卦形，属于经卦乾上艮下，别卦遁。乙，乃由六二三五三一等六个奇偶数组合而成的重卦卦画，将其变换为《易》中阴阳符号，成：䷡卦形，属于经卦震上乾下，别卦大壮。大壮利贞（雷天大利）。

四、青墩遗址发现奇字的影响

青墩遗址发现的奇字已产生重大的影响，引起许多学者的重视和研究。以1987年济南召开的国际周易学术讨论会为例，许多论文中都直接或间接地提到青墩遗址的这一发现，现举两例如下：

> 目前见到最早的数字卦画，即江苏省海安县青墩遗址出土新石器时代崧泽文化骨角，骨匕上刻有“≡×≡≡∧≣,∧=≡×≡—”两组重卦卦形……

> 1978年江苏海安县崧泽文化青墩遗址，出土了一批骨角器和鹿角枝，发现其上有数字刻文八个，其中一例释为三五三三六四；一例释为六二三五三一，这种刻文图案，有可能是原始筮占的数字记录。崧泽文化，据考证属新石器时代的晚期，其年代约在公元前4 000年与前3 500年之间，就其使用的筮数来看，在筮占发展史上可能属于早期形态。

（耿　济）

青墩麋鹿角刻纹的文化含义

海安青墩遗址出土的遗物中，有大量的麋鹿骨骼和骨角器（包括已被加工的半成品），它们的经济意义不言自明。笔者还注意到，麋鹿角不仅被用来制作生产工具，少数角上的刻画纹和锥点纹，还体现了先民们的观念形态和精神文化。1980年，《考古学报》第4期发表了张政烺先生的《试释周初青铜器铭文中的易卦》一文，张先生在该文的“补记”中，曾特别提到青墩出土的骨角栖和鹿角枝上有易卦刻纹。其原文如下：

> 1979年江苏海安县青墩遗址发掘，出土骨角柶和鹿角枝上有易卦刻纹的有八个，例如三五三三六四（艮下、乾上、遁）、六二三五三一（兑下、震上、归妹）。其所使用的数目字有二、三、四，为前举三十二条考古材料所无，说明它的原始性，这是长江下游新石器时代文化，无论其绝对年代早晚如何，在易卦发展史上应属早期形式，可以据此探寻易卦起源地点问题。

张先生提到的这两件文物，均非南通博物苑所藏，但南通博物苑也曾在青墩遗址采集到刻画纹和锥点纹麋鹿角枝。现将有关资料和初步看法，略陈于下，供学术界人士研究。

其一，刻画纹角枝最大长度13.5厘米（图11–1），角面较光滑，无小瘤突分布，但有沟垄痕迹。角质石化程度不深，表面有剥裂现象。有六组刻画纹，分为两行排列在主干近节部处，或横刻，或竖刻，或倾斜，似在避免和别组的线条混杂，起了既分隔又关联的作用。右排两组都是四条线，左上方是一组四重八字纹，共八条线，看上去就是8的数码。自此以下，为三道、四道和二道线。

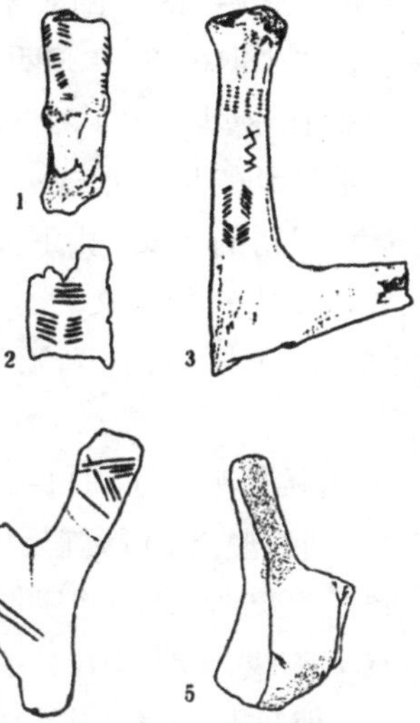

图11　刻画纹和锥点纹麋鹿角枝
1~4.刻画纹　5.锥点纹

通观这六组刻画纹，都是记数符号，一组表示一个数，分别表示2、3、4、8等数，有偶数，有奇数。“龟为卜，策为筮。”（《礼记·曲礼》）卜视象，筮视数,推测这些记数符号，当为易卦刻纹。奇数相当于《周易》卦爻中的阳爻，偶数相当于阴爻。

《连山》《归藏》《周易》称为“三易”，前二“易”已亡失，如今只剩《周易》了。这里的易卦刻纹和《周易》中的卦画，又有明显的不同，即使和周初铜器铭文中的易卦刻纹相比，在记数方法和所用之数上也有区别。

（1）前者系用数码及线条数目表示数。10以内，有多少根线条，表示多少个数。后者系以数字表示。10以内，只用一个数字就可以了。数码记数法看起来比较原始，例如，刻画纹角枝上的8数，以四重八字纹计八条线来表示。到了周初，省去了三重八字纹，仅取一重，遂成铜器铭文中的“八”。至于《周易》的卦象，则以--阴—阳爻来表现了。

（2）《周易》筮法中取6、8、9、7四个数决定阴阳爻。周初用1、5、6、7、8。而在这里使用了2、3、4等数，为周初铜器易卦刻纹所无，应是易卦的早期形式。

（3）《周易》和周初的卦爻，由下而上，纵向排列。《周易》单卦一卦三爻，重卦一卦六爻。这里虽有六组线纹，但其排列方法和次序，因角枝破损，尚须研究。所以现在还难以断定其卦名。

其二，刻画纹角枝的残段（图11–2）被纵剖为二，取用其半，呈半圆筒形，剖面整齐，可见它是特意制作的。上下两端严重残损，仅剩两组刻画纹：一组四条线，应为4；一组为五重八字纹，计有十条线，应是10数。这比前一只角枝多出了一个数码——10。但这是残片，不能成卦。

《周易》以1到10之数象征天地阴阳的自然现象。《易传》云：“天一地二，天三地四，天五地六，天七地八，天九地十。”（下略）其中，天地之数各五。天地、奇偶和阴阳实质相同，都是对立统一的意思。天数即奇数，属阳；地数即偶数，属阴。又，人类认识数从少到多，总有一个过程。先民们曾以一手五指乃至双手十指记数，认为数至十已满，称小盈；至万为最大，称大盈。“万物”的万表示最多的意思，万数太大，故占筮取用十数。所以，这里出现了10的数码是不足为怪的。

以上两个角枝上已有2、3、4、8、10五个数；张政烺先生论文“补记”中所举两例，另有1、5、6三个数，总共八个数。另外，南京博物院也藏有青墩出土的刻纹鹿角两支。实物我虽没有见过，但从其青墩发掘报告（《考古学报》1983年第2期）中看到描述：一支表面刻有十一组平行细画纹，每组三、五、六、九画不等。这里就有了9数。另一支刻画有五组平行线纹，每组四至五画，每两组平行线之间刻有两组顶端相对的复道人字纹，每组也由四至五画组成。其中的复道人字纹，可能就是本文所说的四重和五重八字纹，分别表示8和10数。

综合三方面的资料，与《易传》所说占筮所用的十个数，只差一个7数了。古青墩人占筮时，未必不用7数。这是因为含10在内的天地、奇偶之数是均等、对称的。角枝上既有偶数8，便会有奇数7，只是我们还未发现实物罢了。看来古青墩人是用1至10数占筮的。至于占筮的方法，也许可以参考司马光的《潜灵》。《潜灵》所用之数也是1至10，其蓍策是七十五而虚其五，实用七十策而揲之以十，所谓揲之以十就是十根十根地数的意思。有人提出：《潜灵》是否就是《归藏》，尚待考查。

总之，以上两段鹿角的刻纹，不是别的，确实是古代筮法“数卜法”的卦画。“数卜法”源远流长。我国西南少数民族中还保存着类似古代筮法的“数卜法”。四川凉山彝族有一种名叫“雷夫孜”的占卜法，其法最关键之处是与数分不开。同时与数的奇偶及其排列组合方式分不开。“雷夫孜”与《周易》中所反映的筮法对照，反证《周易》也明显地属于“数卜法”（详见1983年7月号《新华文摘·周易研究近况》），与古青墩人的“数卜法”基本相同，不过，“雷夫孜”占卜只有奇偶数的概念，似尚未形成卦画，而青墩出土的刻纹鹿角，则已形成了卦画。

其三，刻画纹角枝最大长度27厘米（图11-3），为麋鹿左角之分枝交会处。刻画纹分三层见于前枝干之外侧。上层有疏疏朗朗的六七层锥点似的短平线环绕一周；其下方是七条斜线组成的表意图象：先是两线交叉，接着是依次向左右方斜出的五条折线，下层是多重菱形体。每边的线条数不均，分别为六、五、四道，不知何以如此，是无心的刻画，还是有意的设计？

如果把这三层图像作为一个统一体来观察，似表现出青墩的先民们“仰以观于天文、俯以察于地理”，即对大自然的认识和崇拜。上层可以是太空、云气、繁星或者银河；其下方可能是天空中闪烁的星座，或是族徽。下层表示大地，菱形的四边形象征四季或四方等。这是他们观察大自然、认识大自然的反映。

其四，刻画纹角枝残段（图11–4）角端扁平，分叉为锐角形；枝端均残破，左枝尤甚。右枝上留有一道和两道相交的斜线，右方大夹角内藏有双重的八字文，形成尖角形的图案。角面左方中间有长长的两道刻线。其寓意和用途不明。中部分叉处和右枝上共有三条浅槽，料是系绳缚物的所在，均非记数符号。整体看来，疑为角叉，或是某种实用的工具。

其五，锥点纹角枝（图11–5）最大长度17.2厘米，为叉形角器的残片。形体扁平宽大，呈锐角钩状，有烧磨加工痕迹，有两组锥点图案，呈现于上下端，下端边沿的一个，以双联的回字纹为主体，下方破损，只能看到半个回字纹，上方空隙处，镶以四个下弯的双道圆弧，各似新月形。整个构图颇有规律，做工比较细致，显示了制作者的工艺才能。按回字、篆文作回旋形，这个图案的立意，除了装饰性外，或许就在于表示阴阳激荡之意。

角枝的另一端，有密集的锥点，围成一头尖一头圆的长条，纵贯于分枝之中。外廓如倒“且”字；内部的锥点，大多外大内小，外密内疏，隐约联成几个椭圆圈。查“且”字乃男性生殖器的象形，兼有祖先崇拜的意味，也许可以说明彼时的青墩，业已进入父系氏族社会。

青墩出土的鹿角枝上的刻画纹、锥点纹，在某种程度上反映了古青墩人的观念形态和精神文化。青墩遗址文化层据碳14测定，距今5 900至5 000年。青墩遗址居长江下游的苏中平原，从这里出土的遗物上，居然出现了早期形式的易卦，这事殊令人瞩目，也需要进行探讨。

（徐冬昌）

麋鹿角刻纹的文字确认及遗址地位

青墩新石器文化遗址发掘后，出土文物被分散各处收藏。南京博物院和南通博物苑曾分别撰写发掘报告，并有不少专家对出土文物进行了相关的研究，青墩遗址的文化价值有了多方面的新发现，其中有的涉及中华文化的发展史。

一、青墩麋鹿角刻纹可能是目前已知的中国最早文字

青墩遗址出土遗物中最引人注目的是表面刻有印痕的10多枚麋鹿角、骨或骨簪。已获的这些刻纹至少有80多个，去除重复，有近20种。

张政烺教授在《试释周初青铜器铭文中的易卦》（《考古学报》1980年第4期）一文中注释了青墩出土的麋鹿角上的刻纹，认为青墩出土物上的符号是数字。海南大学理工学院的耿济教授、易学家孙振声等同样认定这些“奇字中的数字都是筮数”，为“原始筮占的数字记录”，“其年代约在公元前4 000与前3 500年之间，就其使用的筮数来看，在筮占发展史上可能属于早期形态”。其他人如郑万耕、尉迟台平、罗建中、楼宇烈、曹云起等先生，或在释字上稍有不同的主张，但也都认同这类刻纹是数字，这里不一一赘介。但反对意见还是存在的，主要是认为当时发现的材料还不多，还不够典型，史证不够充分，因而还不足以立论。

1. 古青墩人确实占卜，其刻纹可以认定是文字

2001年，在青墩又采集到少量文物。这批文物中仍有刻纹鹿角枝，仔细审视这批文物，有一件是高约7.5厘米的麋

鹿角的一小段带分叉的部分（图12）。

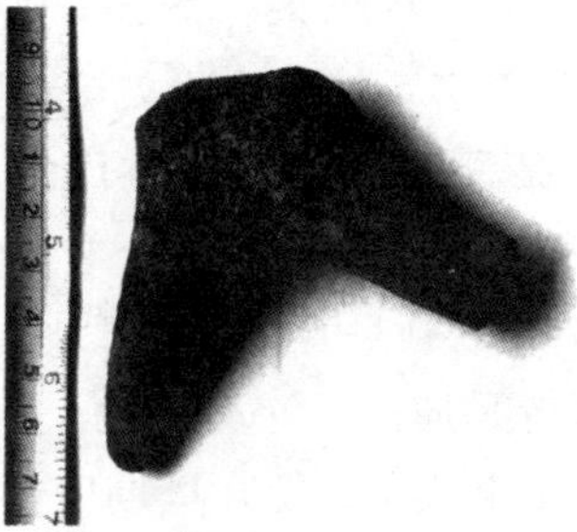

图12 青墩出土的丫形麋鹿叉角

其较细的叉角上有一些刻纹。因角的表面灰黑的纹迹与刻纹相杂，难以分辨彼此，用高倍放大镜进行鉴别，可将此串刻纹描画如图（图13）。

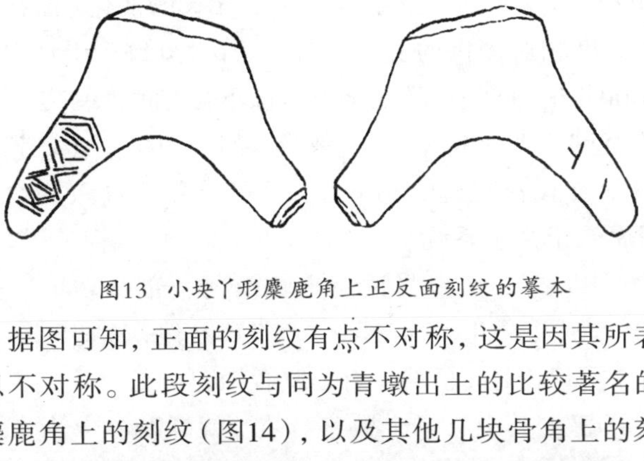

图13 小块丫形麋鹿角上正反面刻纹的摹本

据图可知，正面的刻纹有点不对称，这是因其所表示的意思不对称。此段刻纹与同为青墩出土的比较著名的另一段麋鹿角上的刻纹（图14），以及其他几块骨角上的刻纹应属同一种表意刻纹类型。

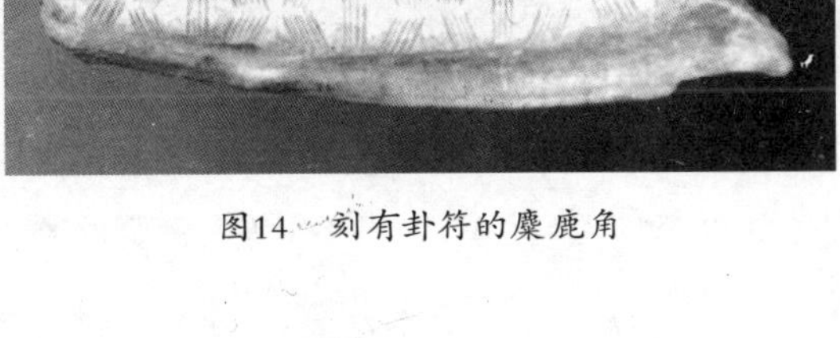

图14 刻有卦符的麋鹿角

如何具体地逐个释解青墩刻纹？这就需要一种与之有亲缘关系的已知的文字系统来作参照。目前在解读上有较大突破的是甲骨文文字系统。甲骨文与青墩刻纹是否有亲缘关系？虽然有人猜测含青墩刻纹在内的东方古字符可能与甲骨文是各自发展的，不属同一个文字体系。但笔者认为，尽管青墩刻纹的笔画平直，没有弧线，没有后世甲骨文的复杂象形，但两者是属同一个体系的。只不过青墩刻纹比甲骨文更原始罢了。事实上，殷墟早期甲骨上的简单文字和表达基本的数的概念的文字笔画也很平直。许多青墩刻纹都可在甲骨文中找到相同的字型。

甲骨文中简单文字的稳定性十分强。其“一”、“二”、“三”的写法，除了因著录工具的改变而导致细微的笔锋变化外，3000年来，其字形结构基本上无大的变化。而在文明的演变速度相对缓慢的上古时期，从青墩刻纹到甲骨文成熟的约2000年里，此简单的文字也应该不会有很大的变化。

甚至到了西周铸鼎时，一件钟鼎铭文的末尾文字仍然与青墩刻纹有着明显的相似性。这可以旁证青墩刻纹与甲骨文同属一个文字系统。

比照甲骨文，可以释读青墩刻纹的一部分，如“一”、“二”、“三”、“四”、“五”、“六”及其他，这些将在另外的文章中予以论述。虽然还有一些青墩刻纹符号不能骤解，但只要释解出其中有多个数字存在，就可以初步认为青墩刻纹的确与卦数有关。

这小块丫形麋鹿角的用处是什么？到现在还没能找出它在生产上的可能的用途。笔者仔细检查了它的另一面，发现在这一面的枝角上刻有两个字：“ Y ”和“|” 或“一”。前者应是“卜“字。甲骨文中的“卜”字很多，意为“占卜”和“卜告”。“卜”字大概是殷商甲骨上出现频率最高的文字。它有几种刻法，如“ Y ”、“ Y ”、“卜”等。需要注意的是，由

于古人的文字载体并不是后来方正的纸张，而是不规则的石片、树皮、骨骼、龟甲等，所以古人还没有培育出以十分一致的方向来约束刻写文字的习惯。甚至同一片载体上的文字也会有不同的位向（图15）。

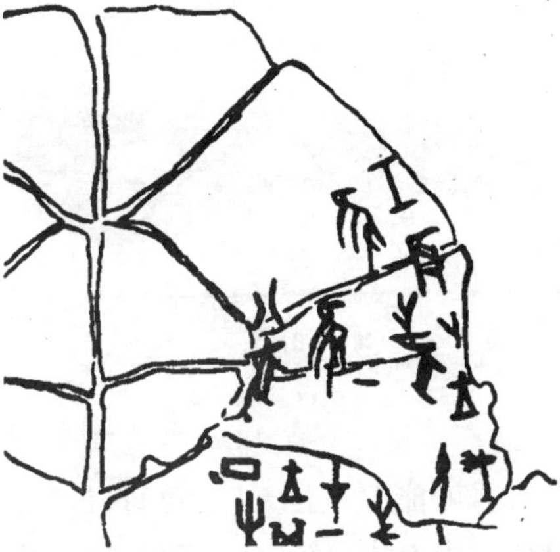

图15 殷墟文字乙编3214号龟甲上向左上方支出的“卜”字

“卜”字的字型是一根主干带一个分支，尽管在甲骨上其分支有时向右上方伸出，有时向左上方伸出或向右下方伸出，主干带分支仍是它的基本结构。这一结构历时几千年，至今未变。为何殷商的“卜”字为此结构？这是令人困惑的。许慎的《说文解字》释为：“灼剥龟也，象灸龟之型。一曰象龟兆之纵横也。凡卜之属，皆从卜。”可知汉代人已不能肯定“卜”字的来源了。猜测它为“灸龟之型”或“龟兆之纵横”都无据和极其勉强。“卜”字的主干是某根主枝的象形，而龟壳的形状并非如此。更何况“凡卜之属，皆从卜”。也就是说，汉代人已知的早于龟占的草筮和数筮等也都用“卜”字来称之，那么“卜”字的来源必定与后起的龟占无关，又何能象征“灸龟之型”或“龟兆之纵横”？青墩丫形卜角的发现和认定恰恰可以揭开“卜”字的起源之谜，即古老的“卜”字正是占卜用的叉形骨角的象形，青墩丫形卜角的发现和认定的重要意义因而非同一般。

青墩文字很可能不只是数性文字，还当有其他的含义。笔者发现2001年采集到的一把从未被报道和研究的小型麋鹿角刀上同样刻有“=”字（图16）。

图16 鹿角刀上的“=”字

此“=”字可能是“上天”，也即是“上天神灵”的意思。殷墟甲骨文中有“丅”、“〒”和“示”等字，即“示”字的前身。所列出的这三种写法，都符合许慎所称的：“天垂象，见吉凶，所以示人也。”对于后世的“示”字的下部，许慎释为：“示，天垂象……从二；三垂：日、月、星也。” 两横之下，无论是一垂，还是三垂之画，毋庸置疑，都是“天垂象”；汉代人谓其三画，原来是象征在天之下的日、月、星三种天体。两横的上古本意必是指天。由于从上古至甲骨文时代已经过了十分漫长的岁月，所以在殷代，两横已经分化成上短下长和上长下短两种类型了。而上短下长的两横又转义为“上”。但“上”仍然多少保留了“上天”的含义（上长下短的两横转义为“下”）。此外，殷墟甲骨文中还能见到仅用两横的“=”字来表达“示”，也即是表示“神灵”的实例，这时的上下两横则长短不拘。下附之龟片摹本的左上角三字为“九神乙”，其“神”字的刻法就是两横（图17）。

图17 殷墟甲骨文中用“=”来表“示”的实例

这种当时还时而保留的“示”字的古代写法，反映了古人的上天即神明的观念。因此，释青墩刻字中的“=”作为“上天”或“上天神灵”的初字，是合理的。《国语·鲁语》有谓：“天之三辰，民所以瞻仰也。”说的也正是“示”的景况。甲骨文专家丁山先生虽然对许慎认为的两横下的笔画是“天垂象”的说法表示怀疑，但也认为：“示之所从之二或一，是上帝的象征。”

此外，该鹿角小刀的实际情况，也可提供佐证。此小刀长仅约76毫米，柄端为可系细绳的小头，刀的一面为体质疏松的角髓面；估计此刀并非是实用工具，而是一种用以挂在胸前或他处的象征通灵的小物品。猜测是巫师所用。此刀的功能性质与其上所刻字的“上天神灵”的寓意相符。

如果青墩刻字中的“=”的确可以被释解为是“上天”或“上天神灵”的初字，那么，这将是颇有意义的，说明青墩人的神灵观已从万物皆灵的最原始的形体崇拜发展到了抽象的神灵信仰。这是先民思想史上的重要嬗变。

青墩刻字尽管还是处于简单原始的初文状态，但已是真正的文字；只是全部文字还有待被完全地释读而已。

2.青墩鹿角刻纹的筮占文字早于目前已知的任何中华文字

甲骨文并非是中国最早的文字，对这一点，人们已没有疑义。从青墩刻字到甲骨文，中间有约2 000年的间隔时代，这一时代虽然漫长，但其间还是有原始文字的遗存的。

比甲骨文更早的中国古文字是河南二里头文化遗址中的3 600年至3 900年前各种陶片上的符号。下图已把它们汇集在一起（图18）。

图18　二里头文化中各种陶片上的符号

现已发现的比二里头陶片刻纹更早些的重要文字有如下几例：

（1）1992年，在山东省邹平丁公村遗址发现的同属龙山文化的五行十一个字的古陶文，因地名而称为丁公陶文（图19）。李学勤先生曾对此试读。

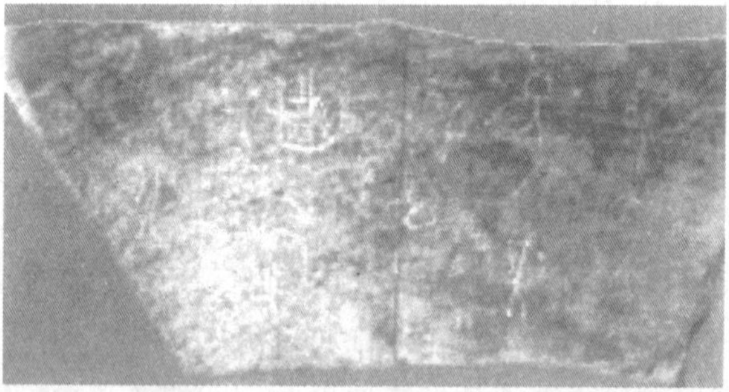

图19　丁公陶文

（2）1993年，在江苏高邮龙虬庄的小河边捡到的年代不明的光陶盆片上的8个刻文和符号，称高邮陶文（图20），被假定属于该地的4 100年至4 200年前龙山文化晚期的遗存。此高邮陶文至今尚未被可信地释读。

图20 高邮陶片刻纹及其摹本

（3）2000年，在山西南部襄汾发现的3900年至4500年前的陶寺朱文。

所有龙山文化的各种陶文都比青墩刻字晚800年到1200年。而比龙山文化的陶文更早的是山东莒县的4500年前大汶口文化遗址中出土的一个陶豆上的画符和一个陶尊的颈部的五个近似图画的刻纹（图21）。同样，大汶口文化的符号也比青墩骨字的出现要晚大约1000年。

图21 大汶口遗址发现的陶豆画符和陶尊刻纹

大约与青墩鹿骨角文字同时或稍早几百年的只有黄河中下游地区仰韶文化层中陶片上出现的一些零星的符号，如“×、＋、「、ㄨ、↑、（ ”等。但这些符号是分散在半坡、马家窑、姜寨等各地区的，大多只是单个地在陶片上存在，而没有联缀合用。这里把它们汇集在一起图示出来（图22）。迄今为止，学术界公认的观点是这些简单的刻画或绘画的一部分是无意或随意为之，一部分只是陶器图案的局部，只有很少的一部分已是朦胧状态的符号，但还不是文字。当然也就无从猜测其含义了。

图22 仰韶文化层中陶片上的符号

（4）而在仰韶文化之前的已见的重要刻纹还只有如下几处：

①1987年，河南舞阳贾湖遗址的发掘中，出土了一块距今8 500年至7 500年的刻有符号的完整龟甲，其中个别符号与殷商甲骨文有相似之处。但还没有专家认定其是原始文字。

②1986年，从蚌埠双墩一处距今六七千年的新石器时代遗址出土的陶器及残片上，分散有146例59种之多的似乎与狩猎、捕鱼、网鸟、种植、养蚕、编织、饲养家畜、记事与记数等有关的刻画符号，但这些都不是文字，仍然是符号。

③1986年，在湖南省长沙县南托乡发现的7 100年前的文化遗址中的陶罐及其他器物上有几何纹及刻画符号。除了不严肃的散文性的释解外（林河曾发挥其符意为："这支住在江边的族群，人丁兴旺，勤于播种，禾苗茂盛，一片繁荣

景象，人们感谢神灵的恩典，赐予花果粮食，乃把幸福记录在这神圣的罐子上，把它当做祭品，奉献给神。”这只是令人缺乏依据和论证的想象，让人难以相信），没有任何严谨的专家将之视为文字。

其他零零星星分布在各地的史前时代的各种刻画或敲琢的痕迹很多，更谈不上是文字了。

经过以上比证，结论是：所有已知的在青墩刻字之前出世的符号一般都是孤立地刻画在陶器或其他物体上的，并未联缀成文。唯独在甲骨文出现以前2 000年就已问世的且联缀成行的青墩文字，不仅是目前已知的中国最早的真正的文字，而且能被部分释读。

二、青墩遗址曾是远古人类氏族或部落的活动中心

青墩遗址在江淮东部的特殊的地理位置，以及目前出土的大量文物从不同侧面告诉我们，远古青墩极有可能是传说中的淮夷人祖先的氏族或部落的活动中心，我们可以从以下几个方面来分析，进而得出这一论点。

1.青墩文物的高度密集说明这里曾经人口众多

在新石器时代，人群的密度是很低的，所以在一般的村落遗址，出土的文物数量有限。但在青墩，仅在主要为墓区的一部分，南京博物院两次考古在发掘的总共为490平方米面积的13个探方中，就挖到了大量的文物；包括完整和基本完整的陶器229件，骨角牙器415件，石器和玉器139件；此外还出土了破碎的红陶、灰陶、黑陶的陶片约25 000片，以及其他一些如木桩、颜料赭石、木炭、灰烬、果核、稻谷、蚌壳、蚬壳、龟鳖，鱼类、鸟类和哺乳类动物的骨骼，以及98座墓葬的106具人类骨骼等。文物如此密集，令人惊异！这里岂是一个一般的小村庄，这里很可能是一个人口相当集中的大邑。

2.地理条件极佳的青墩只有强大的部落才能占领

青墩的地理条件是极其独特优越的，四面环水。据称在过去，被河流环绕的青墩海拔4.6米；经近几十年来的土地平整，现在海拔3.8米。其地势高于环河之外的平原，因此青墩是一个在江海平原上少见的较高台地。青墩台地总面积约7万平方米，足以在此集居大量人口。这一台地能在安全、交通、生活和生产用水等方面获得保障，因此是上古时代极理想的集居之地。

古人一旦选定了在此群居，不免在以后的年代里逐渐强化其住地的安全性。所以，青墩还必然经过了许多代人的精心营造。

由于在江口，平原上拥有如此优越的地理条件的营区很少，青墩必定是新石器时代人类普遍企望争得的居住地。只有强大的氏族和部落才有能力，才有可能夺占这一地区。因此，青墩在当时很可能就是一个相当大的地区文化社会中心。

3.青墩玉琮是氏族或部落长的礼器

在青墩，还发掘了罕见的玉琮。玉琮的外观是短方柱体和短圆柱体的叠加，即所谓的外方内圆；其方体象征大地，其圆体象征天。玉琮中还有贯通的大圆孔，是古代巫师专为氏族或部落长祭祀天地的礼器。《周礼·春官·大宗伯》有记：“以黄琮礼地。”所记即是上古祭礼的一部分。有此礼器处必有氏族长或部落长等首领。

4.部落强大才能通过贸易或战争获得远域的石材和玉材

青墩及其周围地区都是土质的平原和江海，其约100公里内的地区都不产石头，更不产玉。但其已有的一定数量的石器和少量玉器的原料从何而来？甚或是这些细细琢磨的玉石器是通过与谁的战争而征获？只有强大的部落才有能力通过战争或贸易而获得遥远地区的石材和玉材，或直接获得石器和玉器。显然，在远古时代，青墩居民并非一般村落中的普通居民，而是有着相当经济实力或军事实力的大型部落或氏族群体，他们拥有较大的活动疆域。青墩正是一些氏族或部落联盟的某个集聚中心或政治中心。1985年，在青墩遗址东边仅15公里的吉家墩村，村民们在开挖鱼塘时，又发现了一处新石器时代的遗址，出土了树皮屋顶的干栏式建筑遗存、罕见的树皮葬具和又一批石器与陶器。吉家墩人和青墩人之间的文化关系和氏族关系有待继续探讨。

5.青墩陶斧是氏族长或部落长的权志

青墩人已进入父系氏族社会，部落和氏族长的权威已逐渐形成。这种领袖权威出现的重要标记就是作为权力标志的礼仪性陶斧的出现。

在上古时期，限于制作条件，石斧和青铜斧是力量最强劲的工具，因而其在人们生活中的地位崇高；也正因为如此，在华夏文明的初期，斧的象形符号就成了领袖权力的标志，代表着至高无上的权威。殷墟甲骨文中的各种“王”字，都是“斧”形（图23）。

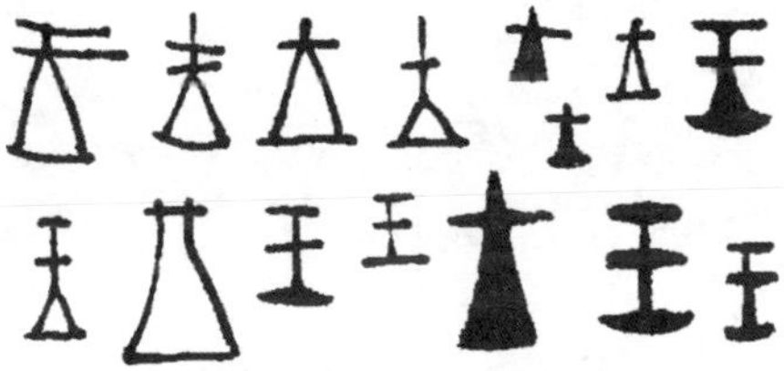

图23 甲骨文的“王”字

甚至后来的青铜器铭文中的“王”字，也还是“斧”形。斧形权意，后来亦被称为钺。各类甲骨文和各类金文中用斧形来称“王”的普遍情况，正是上古社会传统的遗传。

青墩遗址出土的带柄陶斧，不具备作为劳动工具的功能。它的真正功能应是象征氏族长或部落长的权威和行使的权力。

国内罕有出土新石器时代礼仪性斧具的报道。一些资料上提到在一些新石器时代遗址出土有陶斧，经过核查，原来实际上都是陶釜，只是资料打印时打错了字。而且，根据主导挖掘的南京博物院的考古报告，这一把带柄陶斧不是在随葬品中发现的，而是在可能已是父系氏族社会时代遗址的中文化层发现的。这更证实了此陶斧的不同寻常的象征意义。况且，即使是在墓葬中发现，也不能推翻它在青墩地区的唯一性，以及它是身份和权力象征的礼仪用具的推论。

由于各个不同的上古氏族长或部落长的权志在细部上会有被所属民众公认的差异，这把陶斧不大可能是从别的部落氏族缴获来作为自己部落氏族长的权志的。这把陶斧应该是青墩人自身部落氏族的权力象征。作为部落氏族最高权威标志的带柄陶斧在青墩出土，可以证明青墩遗址在当时不是一个一般的村庄，而是一个有相当大活动范围的人类群体的社会中心。

（羽离子）

青墩刻纹契数及其数位、进制

青墩契符多数应为数字。汉代刘熙在《释名·释书契》中谓："契，刻也，刻识其数也。"汉代离上古时要近一些，刘熙能见到的古代契刻的实物和能听到的相关传说就多一些，所以他的话较为可靠。

陕西考古研究所徐锡台先生在1978年的中国考古学会第一届年会上发言，认为青墩刻符是数字卦。中国社会科学院历史研究所张政烺研究员在《考古学报》1980年第4期上撰文，也认为海安青墩遗址出土的刻在角骨上的刻纹是表示卦的数码。海南大学理工学院耿济教授称青墩刻符为"奇字"，且"奇字中的数字都是筮数"。其他几位学者的意见也与之相仿。但是迄今为止，除了对一、二、三等数字能可信地判读外，还没有人能考明其他的某一个具体的青墩刻符究竟是哪一个数字。而且，特别重要的是，既然推定青墩刻符是数字，还没有什么人能够确定作为数字的青墩契符间的准确的数

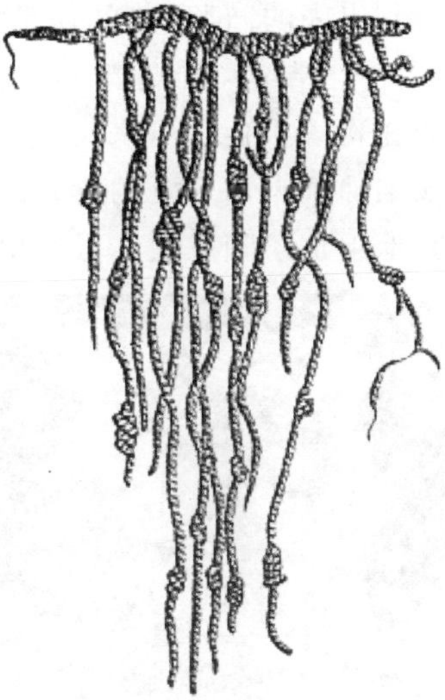

图24 奇普（Quipu或khipu），古代秘鲁印加人记事用的結绳。其結绳的方法已失传

位关系；也还没有何人能够确定青墩人的计数所遵循的进位法，即不知道青墩人计数时所用的进位制。

要解答这些问题的确是极其困难的，有时是几乎让人觉得根本没有希望可以解读。这也就是为什么长期以来，在释读青墩契符时未能取得重大突破性成就的原因。其实，了解了上古结绳与契刻的关系后，就有可能找到破译神秘的青墩契符的门径。

世界上很多地区的上古先人都有通过结绳来帮助记忆的方法（图23）。华夏古人也有此传统。《易·系辞下》述："上古结绳而治，后世圣人易之以书契，百官以治，万民以察。"结绳的绳结数和契刻的条画数自然是表示在渔猎、采集、战争、日常生活中的需要记数的内容。

"契"字左上角为包含了四道刻画的"丰"符,右上角为一把刀，意思是用刀刻条画。符号"丰"在契字中固然已是用刀刻出来的，但所刻的还是它的象形，即早期的结绳的形态"卌"。结绳可能与契刻并行了很长一段时间，但结绳不可能在青墩被保留下来，留下的只有少量契刻。初期契刻，一如结绳基本而主要的含义，也应是数；而且很可能是通过不断地追加条画来表示数的增加。

图25 凌家滩玉人雕像

1993年，安徽省含山县凌家滩新石器文化遗址出土六具玉人雕像（图25）。每具雕像的手臂或胸前刻有条画。各个玉人上都刻有两组条画，有的玉人身上每组六条。有的玉人身上每组八条。有专家认为，这些阴刻条画代表了手镯。条画多的，手镯就多，表示此人的地位就高。刻有两组八条画的玉人是坐着的，而刻有两组六条画和七条画的玉人都是站着的，反映了前者比后两者富有和地位高。其实，阴刻的抽象条画的符号化十分明显，未必代表手镯，有可能代表地位的高低。上古人类地位的高低可以是以所站立或所居住地的地阶表示的。这一方法在后世一直沿用，即官员的位阶制度。凌家滩玉人雕像上的条画符号可能是数性符号，用以表示主人的地位高低。

应该说青墩刻符与结绳有着渊源关系，如果弄清楚结绳形式，就有助于破译青墩契符。

但国内外长期以来缺少研究结绳法的报告。有的博物馆收藏了结绳，却无从知悉它是如何产生的，也不了解其所代表的意义。

上世纪70年代，人们在海门县天补人民公社发现一位老太年轻时很能干，会纺纱织布，兼带贩卖花纱。她不识字，之所以能挣钱养家，靠的就是会“打绳贯”，即把进出货的数字情况编结在绳子上。许多人对此表示好奇，询问什么是绳贯及如何做绳贯。几位年龄很大的女社员回忆，绳贯是用多根绳索编结的，“贯头”长长短短。有的贯头还是从“横帮”里伸出来的，十分复杂；在世的老年妇女们中似乎已经没有人能编结了。在田头的老年社员们只会比较简单的用一根绳来做绳贯的方法。

以下是海门老人结绳法的示意图（图26①~⑩）：

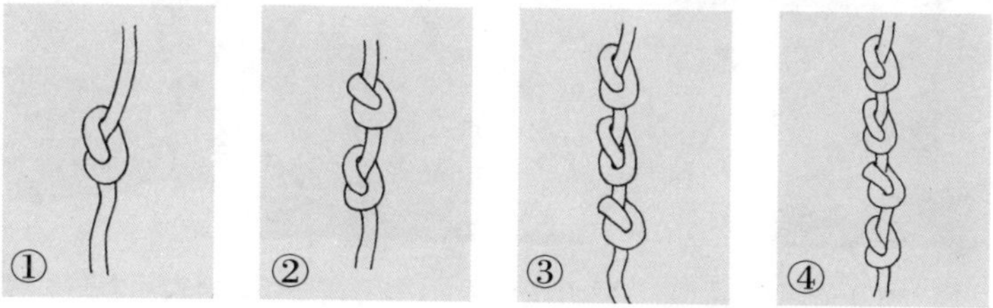

① 一个结表示“1”　　② 两个紧靠的结表示“2”
③ 三个紧靠的结表示“3”　　④ 四个紧靠的结表示“4”

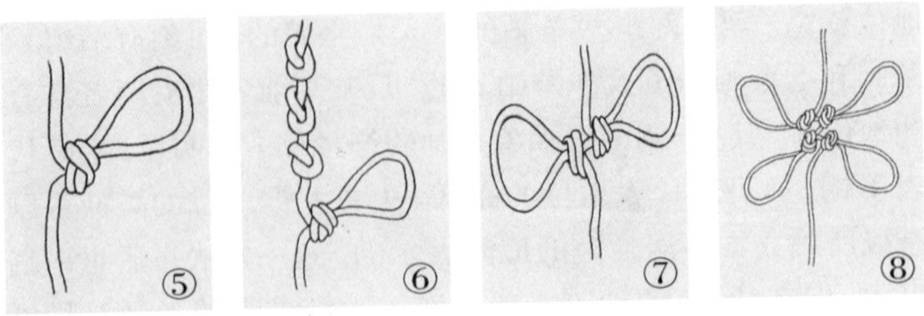

⑤ 一个“耳朵”表示“5”　⑥ 三结加一耳表示“8”
⑦ 两个“耳朵”表示“10”　⑧ 四个“耳朵”表示“20”

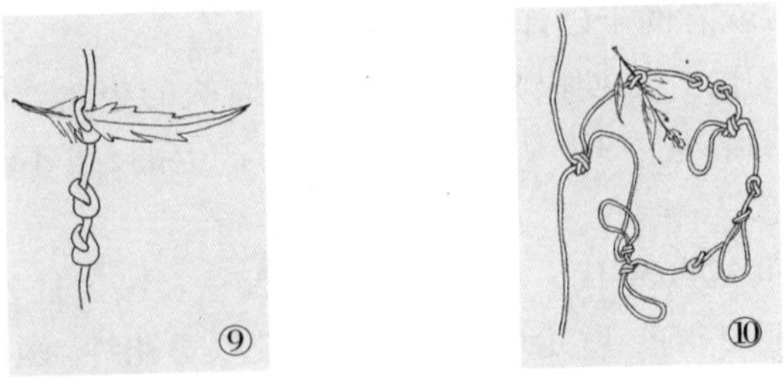

⑨ 在一串结与耳的最上方另加一结扣住一根鸡毛表示以下记录都是关于此鸡的事务

⑩ 如果某一事务的记录全部结束了，就把相关的全部记录环起打结以示结束

图26　海门老人结绳示意

把绳结变换成刻符，对应上面图示的结绳的形态，青墩契符与数字的关系如下（图27–28）：

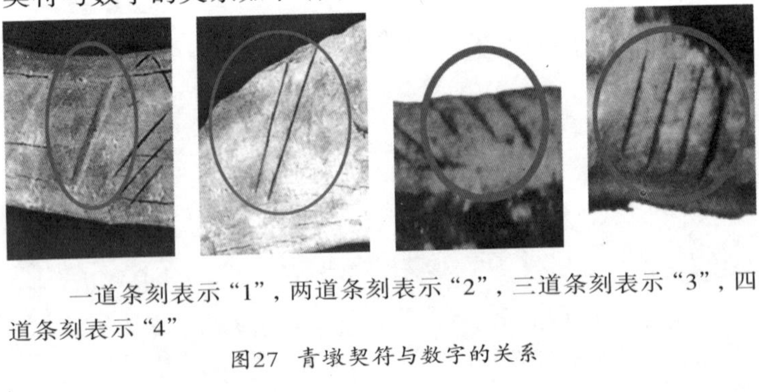

一道条刻表示“1”，两道条刻表示“2”，三道条刻表示“3”，四道条刻表示“4”

图27　青墩契符与数字的关系

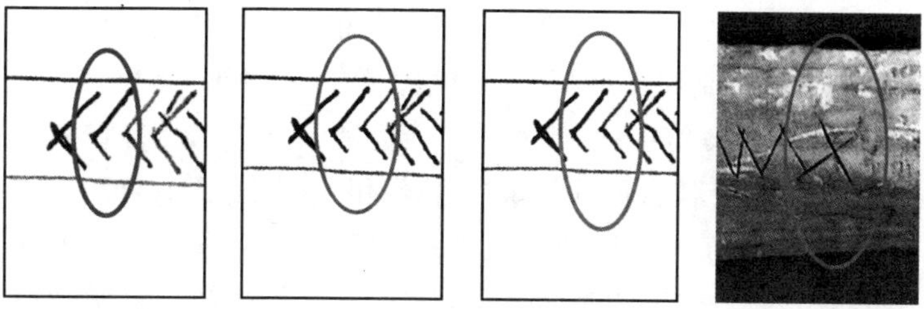

一个“耳朵角”表示“5”，两个“耳朵角”表示“10”，三个“耳朵角”表示“15”，两个“耳朵角”对接也表示“10”

图28　“耳朵角”的刻纹与数字的关系

海门老人又称上述的耳朵为“耳朵角”，这也是启海、崇明等地方言中的形象叫法。

把绳结变换成刻符后，数字8，应被刻成“ 〉”；数字10，应被刻成“〉〉”或“×”。

参照上述结绳法的表示数的方法和数位关系，这块青墩卜骨（图29）上的刻符也因此可以被释译为：二·两个五·二·四个五·五·三·两个五。如图29：

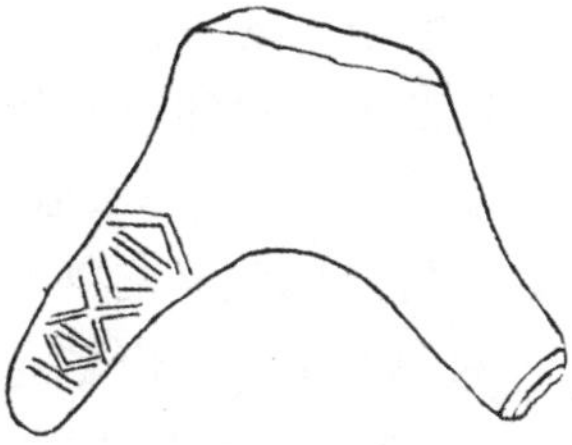

图29　卜骨

青墩人在计数时采用什么进位制？为什么这里不把上面左起的第2个符号译写为“十”，而写为“两个五”？因为前述单绳“绳贯”的结数法所用的实际上是五进制，而刚从结绳脱胎而来的很原始的契数，也应该是五进制。另一方面，五进

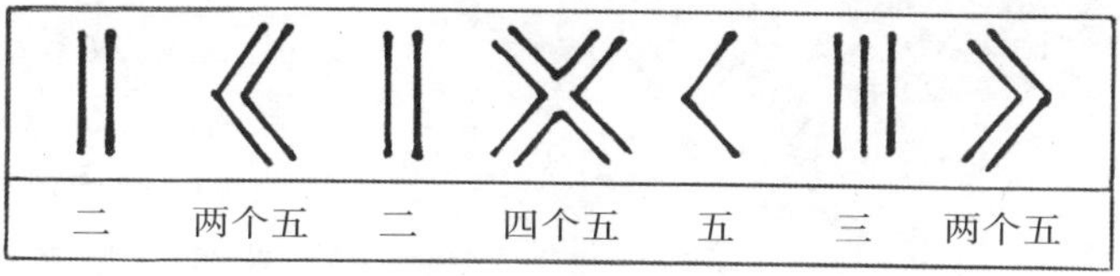

图30　卜骨刻符含义

制实际上是十进制的基础。"两个五"很自然地就是"十"。也就是说，五进制和十进制有一段很长的并用时代。

把青墩契符"×"解释为"十"是为什么？因为它实际上是由两个五联合而成。即把"〉"和"〈"拉近距离而成为"×"。两个五还可以被写成"》"或"《"。青墩文化的时代早于甲骨文初生的时代一千多年，甲骨文对释读青墩契符有启发，但并不等同于青墩契符。

上面左起的第4个"⋈"符号是由四个从不同方向汇聚的"〈"符构成，这正是从本文前面的结绳图25-⑧的四个"耳朵"的结型演变成的契符。

由于出土的实物太少且很不完整，据有限的实物和结绳等所推测的上述青墩契符的数位关系，还需要进一步的证明。经过未来的考古发掘，出土的契件和刻符增多了以后，这一推测就有可能得到最后的确认。

青墩契件并非都是同时形成的，已出土的各件很可能形成于彼此间隔时间有多有少的不同时期。除了条刻符号、角符号等具有令人惊奇的跨时间的稳定性外，青墩的另一种锥点符可能也具有一定的稳定性。

一块扇形的角或骨上被发现其上分布着锥点纹（图31）。有人认为这是"锥点记数"。有可能是获得了一只猎物或其他什么就在骨角上锥一个点。这有一定的合理性。但也有可能是用锥点纹构成一幅幅"飞去来器"，即"回旋镖"的图案。尤其是扇面部分的边缘

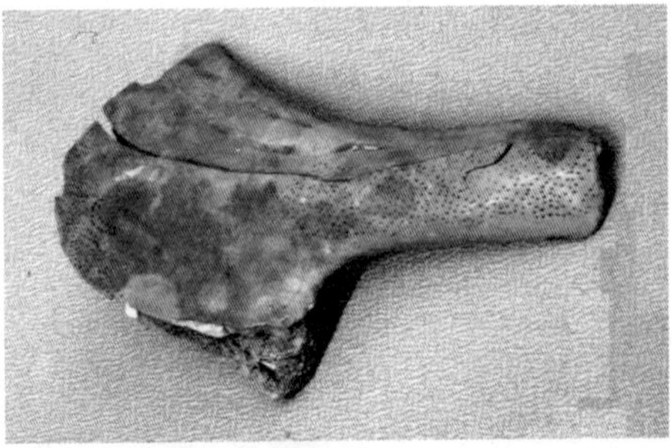

图31 分布有锥点纹的扇形契件

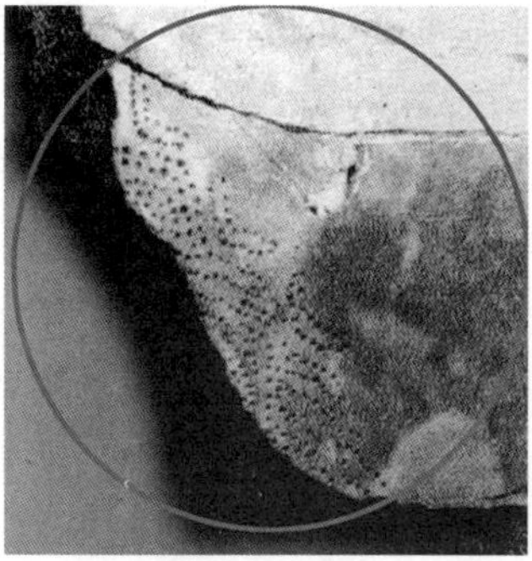

图32 扇面部分锥刻的一批回旋镖

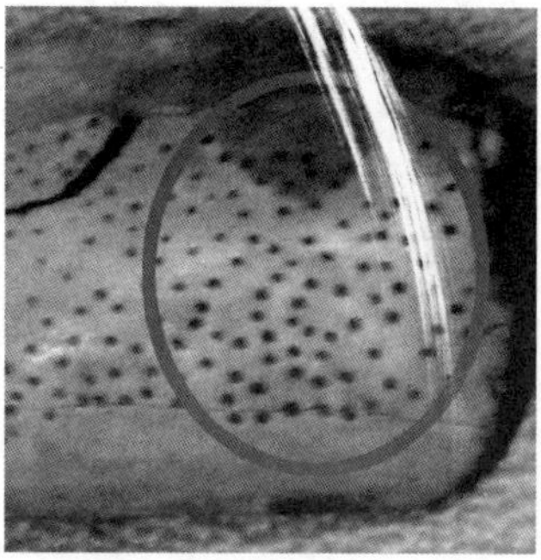

图33 扇柄部分的锥点纹

上的锥点纹，更是十分清晰地显示了一个又一个的回旋镖（图32、33）。

此类回旋镖与古埃及人、澳大利亚土著人、南美原住民所使用的回旋镖（图34）属同一类型。回旋镖起源于哪里，至今尚未有定论。古人在投掷一些用弯曲的树根或树枝制成的短武器时发现了它们还会转回来。当然，新石器时代的西亚投掷某些石制镰刀时也会出现同样的情况（图35）。这样，就可能导致回旋镖的发明。

图34 近世澳大利亚土著人的回旋镖

为什么不用线条来刻画而用锥点来组成回旋镖图形呢？因为使用可控性较低的简单工具来刻画回旋镖的弧形是很不容易的，远不如使用更简单的工具锥点成图那样来得方便和快捷。

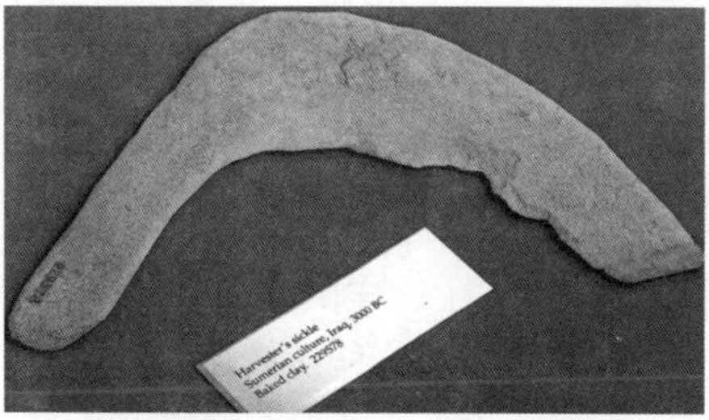

图35 伊拉克出土的公元前3000年苏美尔人的石制工具

另外，为什么其

上都刻有回旋镖式的月牙形，难道这样的角或骨头有专门的用处或有同样的用处？它们又具有怎样的用处呢？两块契件上的锥点纹除了可能表示回旋镖外，还有一些看起来不像回旋镖的锥点是想表示什么？

一个可能的猜测是：锥点所构成的图案还有可能是一幅星图或天文图，是一幅原始而简朴，带着象征意味的天文星图。《国语·楚语下》在讲述历法变迁和人神关系时谓上古"夫人作享，家为巫史……民神同位……"到了颛顼时才改革，"乃命南正重司天以属神，命火正黎司地以属民，使复旧常，无相侵渎，是谓绝地天通。"《尚书·吕刑》也记："乃命重黎，绝地天通，罔有降格。"巫史职责的一部分是观天排历。司马迁著《史记·历书》，引用《楚语》中的这段文字以述上古历法的源流。可见，司马迁是确认颛顼时代已有历法的。贵州社会科学院的蒋南华教授以《史记集解》引皇甫谧所记的颛顼"岁在鹑火而崩"和濮阳西水坡45号墓墓主昆吾卒于公元前4 300年左右之史实等，考证出颛顼生活的年代应为公元前4 491年至前4 393年，即距今6 400年前后[1]，早于目前已知的那一小部分青墩人的时代400多年。也就是说，这部分青墩人应有原始天文学的知识，且在人神关系上应是一般民众已经"绝地天通"了。反过来说，大概青墩人中只有少数能使天地"通"者才有条件或有资格去制作这样的原始星图或天文图。

《周礼·大宗伯》称："以青圭礼东方。"据《周礼》《礼记》《左传》等的记述，圭的功用较多。例如，它还是祭祀大地和祖先的礼器和身份的标志。青墩出土有"王"的权志——带柄陶斧和通神的礼器玉琮，在这样的文化背景中，上述那块带锥点纹的铲形件有点像古圭（图36），将之与通神

[1]蒋南华.炎黄五帝生活年代考（下篇）.贵州教育学院学报，2003（5）.

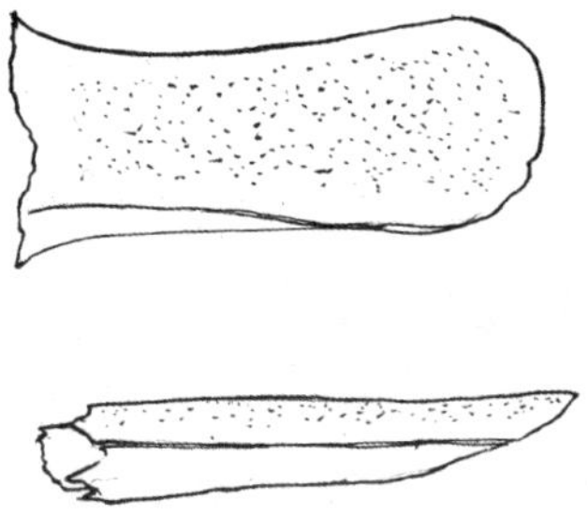

图36 南京博物院的一根残留的角柄

及天文等联系起来考虑，并不唐突。

在研究青墩刻符时，笔者认为还有其他几个问题是必须解决的，其中之一是需要重新确定各个带刻纹骨角件的已有年数。目前的研究已经发展到了需要为已知的带刻纹的骨角件逐一进行科学检测以确定其年代的地步。例如，人们最熟悉的其上刻有一批符号的青墩契件（图37），先前的介绍不是谓其成于5 000多年前或6 000年前，就是没有给予具体的年代说明。这对今后的深入研究是不利的。内蒙古赤峰市地下挖出的披毛犀骨骼距今已有一万年左右了，但还只是处于小部分石化而未至半石化的状态。青墩出土的许多契刻骨体在放大镜下仔细观察，均已石化。因此，青墩地区的成陆可能远比以前所认为的时代要早得多，青墩人在此生存的实际时间也可能比以前所认为的更为久远。

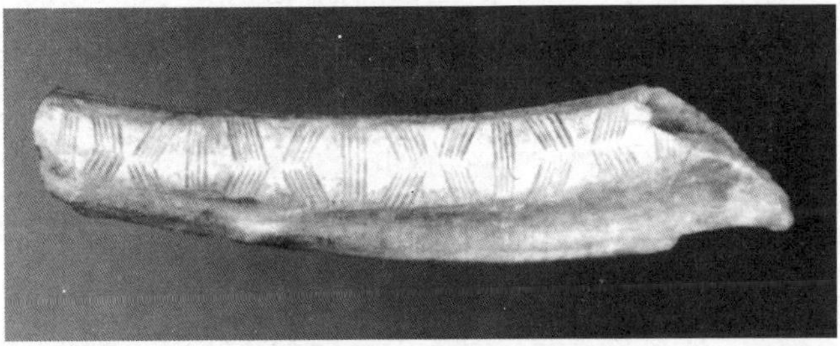

图37 有待重新鉴定的青墩契件之一

（羽离子）

青墩古人具备的数学知识

众所周知，人类文明离不开数学。一定意义上说，数学是人类认知世界产生得最早的一门科学，是自然科学的基础。我国古代非常重视数学知识的教育，西周时数学发展为一门独立的科学，将数（学）作为六艺之一，教育贵族子弟。

恩格斯在《反杜林论》一书中说："数学是从人的需要中产生的。"数学作为一门学科的形成不是一朝一夕的事，而是人类在长期生产和生活实践中逐渐形成和发展起来的。早在蒙昧时代的原始社会时期，就产生了数学的萌芽。因为生产生活的需要，我们的祖先逐渐积累了许多数学知识，海安青墩遗址出土的文物及其刻纹图画充分说明了这一点。青墩古人的原始易卦刻画符号和刻纹图画，隐藏着原始数学的密码，体现了远古时期人类的数学水平，为研究我国古代数学的产生提供了许多重要资料。

一、青墩麋鹿角刻纹是远古时代的数字符号

数与人类的关系最密切，人们要统计劳动成果、分配劳动果实和计算时间都离不开数字，古代先民经过长期的实践，终于发现可以用自己的手指或脚趾作为计数的工具，有的曾结绳记事记数，或以双手记数，使用十进位制，至今人们仍有扳手指教孩子识数的习惯。在人类历史发展的最初阶段，由于生产生活计量的需要，形成了自然数。怎样用符号表示这些自然数呢？在现在世界上最通用的阿拉伯数字符号（1、2、3、4、5、6、7、8、9、10）产生前，古巴比伦发明了楔形数字符号，古埃及发明了象形数字符号，古罗马发明了罗马数字符号Ⅰ、Ⅱ、Ⅲ、Ⅳ、Ⅴ、Ⅵ、Ⅶ、Ⅷ、Ⅸ、Ⅹ，我们的祖先则发明了中文数字符号一、二、三、四、五、六、七、八、九、十。

中文数字符号是怎样起源的呢？在青墩遗址被发现前，学术界认为它们源自于殷墟出土的甲骨文。其实数字符号的产生，有一个漫长的历史过程。青墩鹿角刻画符号的发现，说明我国在原始社会中后期就产生了一些数字符号，这就将我国数字符号的发明时间向前推了1 500年左右。1978—1979年，青墩遗址出土的一批骨角器和麋鹿角枝上的刻纹符号，张政烺先生分析是两组原始数字易卦，海南大学理工学院数学教授耿济等专家也认为是原始筮占的数字记录和数字符号。青墩数字符号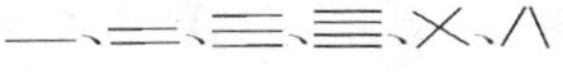（即一、二、三、四、五、六）与甲骨文数字符号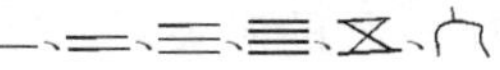非常相似，存在着明显的历史渊源关系。

人们知道，易学本身就与数学有着紧密的联系。青墩鹿角刻纹既然是原始易卦符号，那么也就说明青墩古人对数的认识和运用已达到较高的水平。南通博物苑徐冬昌先生在《青墩出土麋鹿角刻纹之文化涵义探析》一文中综合几方面的资料分析，认为青墩人已开始用一至十数占筮，四重、五重八字纹分别表示8和10数，刻画的线条多少表示10以内的数字，这是有一定道理的。古埃及、古巴比伦的记数符号就是如此，青墩刻纹鹿角、刻画骨簪刻画有许多1~10画数量不等的直线纹，这些直线纹理应是表示数量多少的符号。徐冬昌先生认为四重八字纹到了周朝初年仅取一重，就演变成铜器铭文中的“八”字。这样，已能确认青墩刻纹符号跟甲骨文、铜鼎文数字符号相同相近的就有7个，至于7、9、10等数字符号可能是7条、9条、10条刻纹线，也有可能是跟甲骨文、铜鼎文相似的数字符号或其他文字符号，这有待于未来青墩遗址的发掘来证明。跟青墩遗址距今时间差不多的西安半坡村遗址出土的陶钵口沿上有符号二三十种，最常见的符号为竖画，其次是“Z”字形，专家认为这些符号是中国文字的起源，或者是中国原始文字的遗迹。但半坡氏族的这些符号还不能确认是中文数字符号。另外，山东龙山、日照等地新石器遗址出土的绳纹、方格纹、画纹等，也不能确认是数字符号，全国许多原始社会遗址也发现有刻纹符号，但都不能肯定是数字符号，只有青墩遗址发现的刻纹符号跟甲骨文和中文数字符号相同相似。因此，笔者认为青墩兽骨上的刻纹其意义不仅是原始卦数符号，而且能说明青墩古人已从具体实物数中分离出单纯的数字，形成1~10数的概念，这是人类知识发展史上的一个重要里程碑。可以说青墩刻纹符号是我国最早的计量数字符号，是最原始的中文数字符号，或者说是中文数字符号的源头。

二、青墩古人刻画的几何图形及五等分圆，体现了我国原始社会人类对几何学的认知水平

人们在习惯上认为西方几何学历史悠久，其实中国的几何学也有久远的历史，上古时期的中国人就能利用规矩来制作方圆，勾股定理的发现则比西方早500多年。从我国已出土的新石器时代（如山东大汶口等遗址）文物来看，不少陶器、玉器均呈一定的几何形状，一些陶器上还刻有精美的几何印纹图案，这表明我国上古时代的先民在生产劳动中自觉或不自觉地就运用了几何学的知识。海安青墩遗址出土的陶器、玉器也充分说明了这一点。青墩出土的陶器有罐、鼎、筒形杯、壶、碗、三足盘、钵等，玉器有玉坠、玉珠、玉环、玉璜、玉镯、玉琮、玉璧等。玉器造型有圆锥体、方锥体、球体、圆柱体等形体，生产工具有梭形、圆锥形、三角形、长方形、梯形等形状，陶器造型以对称的几何图形为主体，另有一些陶器表面刻有数条平行线或螺旋线、不规则的曲线；一些泥质陶纺轮上刻有八角、四角星形图案，八角形由两个对等的三角形、直线、曲线构成，圆内有圆心标志，有的陶豆表面构图由两个对角的等角三角形组合配置，构成反菱形，间隔使用，距离相当。不少陶豆下部圈足饰有圆形，弧边饰三角形和菱形镂孔，高柄圈足有圆镂孔，饰竖条形、三角形印纹，一些陶器的底足以三足为主体，也有五足的陶器。青墩出土的玉器、陶器、骨器造型及其饰纹以圆形、三角形者居多，体现了青墩先民对几何图形的体认和理解，是生产实践的经验积累。这说明圆形完美、三角形稳定等几何图形的基本特点已为青墩古人所认识。

需要特别强调的是，在青墩出土的陶豆圆柄表面发现刻有五等分圆图案，该图案由一圈两方连续的圈图组成，分为五组，每组均为等距。我们知道原始社会器物装饰图案一般为二等分圆、三等分圆，四等分圆也屡见不鲜，而五等分圆的图案却是唯一发现。江苏省考古专家张敏认为，划分五等分圆要比划分二、三、四等分圆复杂得多。因此，张敏先生指出："青墩遗址是我国第一次发现的五等分圆的实例，代表我国原始社会史上数学或几何学研究的最高水平。"以上史实说明古青墩人的几何学达到原始社会时期的最高水平。

三、青墩古人已掌握了一些数学比例知识，带柄穿孔陶斧的制作是有力的佐证

青墩遗址已出土的陶器中有一些仿实物模型器，多数为装饰品、随葬品，如生产工具陶纺轮、弹丸和生活器皿等，它们均是仿照实物制作而成的。逼真的仿制来自于对比例的准确把握。在青墩陶模型器中尤为令人瞩目的是陶斧模型器。陶斧长18.4厘米，重70克，被列为国家一级文物。陶斧为泥质红陶，分柄和穿孔斧两部分，柄为椭圆形，前粗后细，后端作半月形，有三角形穿孔与圆帽对接，前端翘起，有浅槽可嵌入穿孔斧，槽后有三孔，可穿绳缚住孔斧使其固定在槽内。陶斧模型器的出土，解决了长期困惑考古界的石斧装柄难题，根据陶斧模型器可以了解到原始社会时期我们祖先在使用石斧前是如何装柄的。但陶斧制作的意义不限于此，还在于带柄穿孔斧是完全比照当时有柄石斧仿制的，青墩陶斧器形与长江、淮河流域出土的新石器舌状穿孔石斧相同，是按照精确的比例缩小，精心捏塑烧制而成的，陶斧与石斧的比例约为1∶4。比例恰当、比例合理是需要一定数学水平的，这体现了青墩古人对比例的较高认识水平。

毛泽东说过："人类历史，就是一个不断从必然王国向自由王国发展的历史。这个历史永远不会完结。"原始社会后期的青墩古人在认识自然、改造自然中积累科学知识的过程，正是远古人类向自由王国开始迈进的历史，是人类进入文明社会前的曙光。青墩古人在生产生活中离不开数学，他们制造生产工具、生活器皿，建筑房屋，占筮，统计劳动成果等，都离不开数学知识的运用，并在实践中逐渐提高他们的数学水平，他们遗留下来的数字刻纹符号和图形、物体器具等，隐藏着原始数学知识和科学的奥秘，记录了远古时期我们祖先积累的数学知识，反映了他们的认识水平，它是后来文明社会数学产生、发展的基础。由于远古时期人们表达语言的方式与今天有很大差异，他们刻画的图案和远古文字及器物还未被我们完全解读，其更多的奥秘有待于我们今后继续进一步挖掘研究。

（周宏文）

青墩锥点纹与生殖崇拜

青墩遗址出土的麋鹿角刻纹有刻画纹和锥点纹两种。刻画纹含义已有专家学者考证为易学起源的初始符号或数字的最初计数形态，而锥点纹含义则很少有人研究。这里面有锥点纹难以辨识的因素，也有其无人识别进而无法研究的客观原因。南通博物苑所藏青墩遗址出土麋鹿角刻纹中有几件锥点纹锥刻实物，引发人们若干遐想。

一、“阴阳激荡”之见有一定道理

南通博物苑徐冬昌先生曾对锥点纹角枝进行过研究，他认为两组锥点纹图案“按回字、篆文作回旋形，表示阴阳激荡之意”。这“阴阳激荡”的含义徐先生未作进一步阐述，只是说角枝上“有密集的锥点，围成一头尖一头圆的长条，纵贯于分枝之中。外廓如倒‘且’字；内部的锥点，大都外大内小，外密内疏，隐约联成几个椭圆形”。徐先生还特意查考了“且”字的出处，原来“且”是男性生殖器的象形，于是锥点纹兼有远古先民性崇拜的意味……

徐先生的“阴阳激荡”说，点出了锥点纹角枝是男性生殖器的象形。那么人们要问，既然“外廓如倒‘且’字”，是生殖器崇拜，为何内部还要刻“外大内小，外密内疏”的锥点图案呢？仔细分析揣度，若真如徐先生说的是男性生殖器的图像，那么内部的锥点纹就极有可能是男女交媾的记录。古代皇宫里皇帝临幸后妃，就有人专门记载“幸”事。作为已进入父系氏族社会的青墩古人，其头领酋长的“幸”事或许就有人以这种锥点符号予以记载。因为那时还没有文字可以记更多的事情，即便能用简单的刻画纹记数，也容易混淆。为了区别，就用锥点围出男子生殖器轮廓，再在里面加锥点以记述。否则“且”字轮廓里面的锥点就失去了存在的意义。因为如果仅是为了装饰，则完全可以用另一种刻纹来代替，而不必这样一个点一个点地锥。因此有人认为，青墩古人就地取材，把麋鹿角枝烧烤磨制光滑，再在上面锥点，是为了记事；所记之事应是不便言说、又必须准确记载的事情——将锥点刻在“且”字轮廓里，既省力又易计数，显然是一种比较合理的举措。

另外，人所共知，麋鹿是一种性繁殖力极强的动物，把酋长的“幸”事记载在鹿角上，是希冀酋长后代生生不息，绵绵不绝……

二、锥点记数——猎射成果的统计与分配

青墩遗址发掘表明，青墩古人的公共氏族生活需要消耗大量食物。从已出土的众多麋鹿骨角看，猎杀的麋鹿等动物是他们的主要食源。西晋张华《博物志》里说：“海陵县多麋，千万为群……民随而种，不耕而获，其利所收百倍。”这几句记载了民俗民情，也说明江淮平原上麋鹿很多。张华记载的是农耕已经很发达的西晋，其时海陵仍“多麋”，而远古时代的青墩及其周围地区，麋鹿群则恐怕更多；其时青墩古人的种植水平又很原始，因此只能靠猎杀、捕捞来满足食物的需要。

人们知道，麋鹿是一种奔跑极为迅速的动物（传说中姜子牙的坐骑就是“四不像”——麋鹿），因此青墩古人要猎获麋鹿很不容易，有时需要若干人集体围捕才能成功。作为酋长，要保证本部落的男女老少不被饥饿困扰，就必须组织强壮的男子去猎射麋鹿。为了记录猎射成果，打中一只，锥一个点纹，然后再进行统计分配是最好的办法。因为当时古人计数能力有限，用锥点多少来表示猎物的多少比较明白，进而有利于进行公正合理的分配。另外，在没有铜铁利器的时代，在鹿角上刻做记号，锥点比刻画更容易，且计数更多。因此，锥点纹角枝可以看做是用来记录猎射成果并进行猎物分配奖惩的“记事簿”。

当然，锥点可能是酋长所为，也有可能是执事公道的长者所为。不管怎样，锥点是记载某种特殊事物的符号，其含义耐人寻味。

三、观测天象——记载星云的手记

青墩古人既然能在麋鹿角枝上刻画八卦符号，就有可能进行占卜。而要进行占卜，观察天象、记载星云是必做的事情。

远古时代，人类对神秘的大自然抱有探索的心态。尤其是对晚上闪烁的星星充满好奇。他们会把对天上的星星的观测记录下来。

青墩出土的锥点纹鹿角，制作者有意将其磨制成上圆下方的形状（下部残缺）。如果用古人认识天地的说法来解释，那就是天圆地方。在远古人的想象里，天上的星代表人的心，天上有多少颗星星，地上就有多少个人；天上的星（流星）掉下来了，地上的人就会死去。于是青墩古人中会占卜的就有可能尝试着在麋鹿角枝上锥刺星状点纹，用以记载天象星云的变幻与人生的吉凶祸福……

天地是有距离的，仔细观察麋鹿角锥点纹的分布，显然有阴阳对峙、水火相济的韵味。尤其是锥点角枝上部的锥点分布是回字或篆文回旋形，显然带有模仿星云变化的意趣。下部的锥点纹则因角枝残缺，我们不能完全看清，但其密集分布的状态，令人遐想不已，仿佛是地上氏族人群生息繁衍的缩影……

有人可能会说，锥点纹角枝上部锥点少，下部多，上下不对等，其实这并无妨碍。青墩古人既能按比例缩小制作仿石斧的陶斧，就一定懂得以一抵十的道理。因此上部一个锥点，实际上可以代表下面十个乃至更多的锥点。应该说，这种类似珠算上珠“一珠抵五”的计数法，制作者因势取材，在磨制之初就已经计划好了。

上述三种揣测，各有可以立论的支点，又都存在一些不能完全解释得通的地方，因此仍需作进一步的研究探讨。叹只叹青墩古人留下的痕迹太少太神秘了，实在让后人难以猜想。若条件成熟时能在青墩遗址组织再发掘，从地下再出土一些新的刻画纹、锥点纹角枝，那么破译这充满奥秘的锥点纹含义或许就有了希望。

（祖　苏）

淮夷、徐夷与先民习俗

青墩早期的墓葬随葬品，数量少且种类简单，仅有陶器、骨角器和少量装饰品，没有石器和玉器，从男女的随葬品来看，差别不是很大。中期的随葬品无论是从数量还是从种类上来看，都比早期有了显著的增加，特别是男性的人均随葬品达11件之多，远远超过同期的女性和儿童的人均随葬品数量，似乎男性的地位要高于女性和儿童。

青墩遗址墓葬研究

青墩遗址发现大量新石器时代的墓葬，由于当时江淮东部地区同时期的史前墓葬发现不多，对其总体面貌只能和江南地区有关的新石器时代文化作一些初步的比较，而其文化性质和所处的阶段都不太清楚。直到高邮龙虬庄遗址被发现之后，江淮东部地区史前文化的整体面貌才展现在人们面前。龙虬庄的报告撰写人张敏先生研究认为：青墩遗址的下文化层（第5、6层）相当于龙虬庄的第二期前段，距今6 300年至6 000年；中文化层（第4层）相当于龙虬庄第二期后段，距今6 000年至5 500年；而其上文化层（第3层）相当于龙虬庄的第三期，距今5 500年至5 000年。

与其他考古遗存相比，对墓葬进行考古学分析的便利之一，就是墓葬的直接行为对象即墓主是相对明确和可以区别的，因此通过墓葬来进一步了解社会成员的情况以及社会组织与结构，比其他遗存更为有利。墓葬作为一个考古单位，它通常能完整地保留下来，通过墓葬的形制、葬具、葬式以及随葬品的多少和精美程度，可以反映出当时社会的大量信息，特别是加上对骨架的性别和年龄的鉴定，更是有利于研究当时社会的情况。更重要的一点是，墓葬所代表的彼世和建造它的现世，在逻辑上有着内在的一致性，在组织结构上有着相似性。所以，利用墓葬材料来进行社会重建，已成为考古学界司空见惯的做法。青墩墓地的材料相对比较丰富，可以在这基础上作进一步的分析研究。

青墩墓地

青墩遗址的墓葬分布十分集中，98座新石器时代的墓葬全部在T5、T7～T15的10个探方内，应该是公共墓地无疑。墓葬一般为浅坑掩埋，均为长方形竖穴土坑墓，墓坑一般只能容纳尸体和随葬品。这些特征和同时期周边地区的史前文化墓地比较相似。龙虬庄402座墓葬全部在一个墓葬区，十分密集，层层叠压，薛家岗二期23座墓葬主要集中在3个探方内，北阴阳营的墓葬分布在700多平方米的范围内，主要在6个探方内，十分集中，重重叠叠。从原报告上提供的一张墓葬平面分布图，似乎看不出整个墓地内部明显的排列布局。由于该图没有把三个时期的墓葬分开来，也没有公布所有的墓葬平面图，所以很难判断各个时期墓葬内部分布是否有一定的规律，是否存在墓群和墓组的区别。不过根据江淮东部的另一个主要文化龙虬庄文化的墓葬分布规律来看，青墩墓地族葬但不分区群的可能性更大。

墓葬头向

青墩遗址墓葬头向大部分向东，一部分略偏南或偏北。原报告说是大部分在40°～112°之间，实际上，98座墓葬共有106具骨架，头向在80°～100°之间的有76具，占71.7%；头向在100°～112°的骨架有8具，占7.5%；在70°～80°之间有7具骨架，占6.6%；头向在70°～60°之间有4具骨架，占3.77%；头向低于60°的仅有M56、M74。分别为45°和46°，两座墓葬都是一期的儿童墓葬，一个无随葬品，一个仅有两件随葬品。除了乱葬坑M3的4具骨架头向均大于127°之外，还有M96头向为240°，无随葬品。总体来讲，青墩遗址的墓葬头向还是有很强的趋同性，这一点和中国其他地区同时期的墓地也类似。周边的如大汶口类型的墓葬以头向向东为主，如刘林遗址的墓葬、龙虬庄的墓葬头向也是以向东为主，北阴阳营的墓葬头向大多向北和北偏东，渭南史家村墓地的头骨一般向西，仰韶文化的墓葬大部分墓葬头向向西。从一些民族志来看，头向的问题与某种信仰有关。

墓地的集中和头向的高度一致，反映了当时社会集团的强大凝聚力，古尔德斯坦指出："如果存在一个只用来安置死去的群体成员的永久性专门且界限清楚的区域，很可能代表了一个有权使用和控制关键且有限资源的团体。"死后葬在同一个墓地是对死者归属的一种认同，头向的一致则反映了某种共同的信仰。墓葬是理解社会现实的一面镜子，对于早期的人类来说，死亡事件所导致的社会关系的中断和紊乱，以及情感上的难以接受，必须通过某种方法，使得生者和死者各就其位，各得其所，使中断的社会关系得以重新恢复，使社会得以延续。从认识论的层面来讲，这也就是很多文化中灵魂不灭观念产生的原因。在这种信仰中，除了现世之外还有一个灵魂生活的彼世，并且生前一起在现世生活的人们，死后的灵魂在彼世也应该在一起。因此，把死去的人葬在一起应该与这种信仰有一定的关系。一个部落或是村落通过对死者这样的安排，不但直接把死者整合到先前死去的祖先集团之中，同时也可以加强生者即整个社会集团的集体意识，从而增强集团内部的凝聚力。因此，罗伯特·赫茨认为这种行为同样也具有一定的政治意义。中国与青墩遗址差不多同时期的新石器文化大多具有以上的特征，或许可以认为这是原始社会发展阶段的共同特征。

葬式葬俗

青墩遗址墓葬以单人葬为主，有95座，占96.93%。合葬墓2座，占2%左右；有1座4人乱葬坑。95座单人葬中，有仰身直肢葬77座，仰身下肢微屈的5座，侧身屈肢葬1座，俯身葬2座，二次葬6座，葬式不明的4座。从骨架的性别和年龄以及随葬品来看，二次葬主要是成年人的葬式，其中又是以男性为主，由于统计的基数太小，无法得出具体的结论。还有一座4人乱葬坑（M3），4具骨架散乱地埋在一个不规则的浅坑里，头向混乱，有一老年妇女双臂相交于背后腰际，似被缚状，均无随葬品。原报告的作者推测这4具骨架可能是被强制处死的（由于M3比较特殊，因此在以下所作的部分统计中忽略不计）。可以看出仰身直肢葬是青墩墓葬的标准葬式，而仰身屈肢、侧身屈肢、俯身葬及二次葬可能是在特殊的情况下采取的一种特殊处理的方法。从一些民俗材料可以知道，一些少数民族在对待凶死或是其他非正常死亡时，往往采取不同寻常的埋葬方法，这多半与他们的信仰有关。王仁湘认为，逆向埋葬和特殊埋葬不是因为经济的原因造成的，主要是由于宗教信仰原因造成，决定死者埋葬方式的主要因素不是在于他生前的地位如何，死亡原因才是史前人类最关心的问题。

随葬品

青墩大部分墓葬有随葬品，无随葬品的有23座，随葬品的数量从1件到40余件不等，随葬器物主要有陶制生活用品、石制生产工具、骨角器、玉器以及其他装饰品。还有一座墓葬M96，在骨架旁边有一具狗骨架。玉石装饰品多置于人的头部，石器骨器等生产工具多置于身侧，陶制生活用具多置于头部和脚部，部分置于死者的身侧或身上。

1.青墩早期墓葬（表2）

表2 青墩早期墓葬登记表

墓号	性别	年龄	随葬品种类						
			陶制生活用品	石制生产工具	纺轮	骨角器	玉器	其他装饰品	总财产要素
M69	?	婴儿	1	0	0	0	0	0	1
M56	?	儿童	0	0	0	0	0	0	0
M74	?	儿童	2	0	0	0	0	0	1
M97	女	青年	0	0	0	1	0	0	1
M76	女	成年	0	0	0	0	0	0	0
M95	男	青年	0	0	0	4	0	2	2
M67	男	成年	0	0	0	0	0	0	0
M71	男	成年	2	0	0	2	0	0	2
M77	男	成年	3	0	0	0	0	0	1
M79	男	成年	1	0	0	0	0	0	1
M82	男	成年	0	0	0	0	0	0	0
M87	男	成年	0	0	0	0	0	0	0
M89	男	成年	0	0	0	0	0	0	0
M57	男	中年	0	0	0	0	0	0	0
M59	男	中年	0	0	0	0	0	0	0
M70	男	老年	2	0	0	0	0	0	1
M82	男	老年	5	0	0	0	0	0	1
M96	?	?	0	0	0	0	0	0	0
总数	18		16	0	0	7	0	2	

青墩早期的墓葬共有18座，仅有9座有随葬品，随葬品的种类也不超过两类。主要是少量陶器和骨角器，没有石

制的生产工具，没有纺轮，没有玉器出土。18座墓葬中有14具骨架可以鉴定性别，其中女性为2人，男性为12人，两性比例有明显的差异，这可能与统计的样本数量以及发掘时的偶然性有一定关系。18具骨架中能大致判断年龄的有17具骨架，其中婴儿和儿童有3人，占17.65%，青年和成年人为12人，占70.5%，老年人有2人，占11.7%。从统计数据看，死亡的成年人占大多数，同样说明了当时生活条件的恶劣。

2.青墩中期墓葬（表3）

表3 青墩中期墓葬登记表

墓号	性别	年龄	随葬品种类						
			陶制生活用具	石制生产工具	纺轮	骨角工具	玉器	其他装饰品	总财产要素
M69	?	婴儿	1	0	0	0	0	0	1
M15	?	儿童	4	0	0	0	0	0	1
M65	?	儿童	3	1	0	6	0	0	3
M8	?	少年	1	0	0	0	0	0	1
M13	?	少年	0	0	0	0	0	0	0
M86	女	青年	2	0	0	1	0	0	2
M101	女	青年	0	0	0	0	0	0	0
M35	女	成年	3	0	1	0	0	0	2
M53B	女	成年	2	0	1	1	0	0	3
M63	女	成年	0	0	0	0	0	0	0
M85	女	成年	2	0	0	2	0	0	2
M88	女	成年	0	0	0	0	0	0	0
M99	女	成年	1	0	0	0	0	0	1
M5	女	中年	1	0	0	1	0	0	2
M12	女	中年	0	0	0	0	0	0	0
M41	女	老年	8	0	1	1	0	0	3
M47	女	老年	2	0	1	0	1	0	3
M90	女	老年	0	0	0	5	0	0	1
M75	男	青年	2	0	0	0	0	0	1
M93	男	青年	0	0	0	0	0	0	0
M94	男	青年	0	0	0	0	0	0	0

续表

M40	男	成年	1	0	0	0	0	0	1
M46	男	成年	7	4	0	17	1	1	5
M48	男	成年	3	4	0	0	2	2	4
M49	男	成年	4	5	0	11	3	2	5
M53A	男	成年	5	6	0	9	0	0	3
M53C	男	成年	1	0	0	0	0	0	1
M54	男	成年	0	2	0	0	0	0	1
M58	男	成年	0	1	0	0	0	0	1
M62	男	成年	4	0	0	6	0	0	2
M64	男	成年	6	0	0	3	0	0	2
M78	男	成年	10	0	0	0	1	0	2
M80	男	成年	0	0	0	0	1	0	1
M81	男	成年	4	3	0	1	0	0	3
M83	男	成年	2	1	0	6	1	1	5
M84	男	成年	2	0	0	0	0	0	1
M100	男	成年	0	0	0	0	0	0	0
M102	男	成年	0	0	0	1	0	0	1
M9	男	中年	4	0	0	4	0	0	2
M16	男	中年	5	0	0	7	0	0	2
M66	男	中年	2	0	0	0	0	0	1
M68	男	中年	0	0	0	0	0	0	0
M4	男	老年	2	0	0	0	0	0	1
M10	男	老年	5	2	0	39	0	0	3
M50	男	老年	2	0	1	0	0	0	2
M51	男	老年	1	1	0	8	0	2	4
M73	男	老年	3	1	0	5	0	2	4
M6	?	?	0	0	0	0	0	0	0
M52	?	?	1	0	0	0	0	0	1
M60	?	成年	2	0	0	0	0	0	1
M61	?	?	0	0	0	0	0	0	0
M91	?	成年	4	0	0	0	0	0	1
总数			112	31	5	134	10	10	

注：M3因为是乱葬坑，所以没有计算在内

这里统计的中期墓葬有50座，共有52具骨架，其中3具骨架既不能辨别性别又不能识别年龄，其余49人中，未成年的儿童和少年有5人，成人（包括青年、成年、中年）为36人，占72.8%，老年人为8人。从下面的统计（图38）能明显地看出成年期是死亡的高峰期。在能辨别性别的42人中，女性为

13人，男性为29人，男女比例达到2∶1。这一点与早期墓葬性别比例相似。随葬品的种类和数量都比前期有所增加，陶器仍然是最常见的随葬品；骨角器特别是骨镞的数量较多；新出现的随葬品有石制生产工具如石斧、石锛以及纺轮和玉器等。从性别角度来看，纺轮多为女性的随葬品，而石制生产工具主要是男性的随葬品，男女都用骨镞来随葬，比较有特点的是玉器和一些装饰品主要出土于男性的墓葬，女性墓中却比较少见。

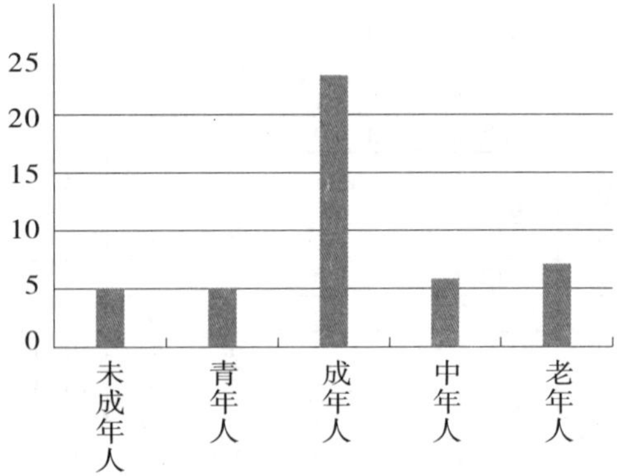

图38 青墩中期墓葬死亡年龄柱状统计示意

3.青墩晚期墓葬（表4）

表4 青墩晚期墓葬登记表

墓号	性别	年龄	随葬品种类						
			陶制生活用具	石制生产工具	纺轮	骨角器	玉器	其他装饰品	总财产要素
M42	女	成年	0	0	0	0	0	0	0
M17	女	中年	2	0	3	0	0	1	3
M31	女	中年	3	0	1	0	0	1	3
M45	女	中年	7	0	0	0	0	1	2
M98	女	中年	4	3	1	0	0	0	3
M19	女	老年	4	0	1	0	0	0	2

续表

M30	女	老年	2	0	1	0	0	1	3
M44	女	老年	20	0	1	1	0	0	3
M20	男	成年	0	2	0	0	0	0	1
M24	男	成年	1	1	0	0	1	0	3
M18	男	中年	11	4	0	0	0	0	2
M27	男	中年	3	2	0	0	2	1	4
M29	男	中年	4	4	0	0	1	0	3
M32	男	中年	0	1	0	0	1	0	2
M37	男	中年	1	3	0	0	2	0	3
M38	男	中年	1	0	0	0	1	0	2
M92	男	中年	4	4	0	3	0	2	4
M14	男	老年	0	0	0	0	0	0	0
M28	男	老年	2	1	0	0	2	0	3
M34	男	老年	1	0	0	0	0	0	1
M39	男	老年	0	0	0	0	0	0	0
M55	男	老年	0	0	0	1	0	0	1
M2	?	?	0	0	0	0	0	0	0
M7	?	成年	0	0	0	0	0	0	0
M25	?	?	1	0	0	0	0	0	1
M26	?	?	0	0	0	0	0	0	0
M33	?	?	4	2	0	0	1	0	3
M36	?	?	1	0	0	0	0	0	1
总数28	女8 男14		76	27	8	5	11	7	

注：M43为合葬墓，由于随葬品没有单独分类，所以未列入计算

列入统计的晚期墓葬共有28座，其中6具骨架无法辨别男女性别，在可知年龄的骨架中，成年和中年人15人，老年人8人，死亡年龄和中期比较有增大的趋势。可统计性别的22人中，女性为8人，男性为14人，性别比有所缓和。随葬品中陶器仍比较普遍，石器的数量增加了不少，男性随葬石器的比例较高，纺轮仍只是女性的用品，而且数量有所增加，随葬玉器的普遍程度也有所提高，但全部是男性的随葬品。与中期相比，最明显的就是晚期墓葬中的骨角器，特别是骨镞的数量急剧下降，28座墓葬中仅有3座墓葬随葬了骨镞。这应该和当时人们的经济生活的变化有关。

表5 青墩墓葬随葬品与性别和时代的关系

时代	性别	数据性质	陶器	石器	纺轮	骨角器	玉器	其他装饰品	总体情况
早期	男（N=12）	随葬品比例（%）	41.6	0	0	25	0	8	50
		墓均（件）	1.08	0	0	0.67	0	0.16	1.75
	女（N=2）	随葬品比例（%）	0	0	0	50	0	0	50
		墓均（件）	0	0	0	0.5	0	0	0.5
	小孩（N=3）	随葬品比例（%）	66.6	0	0	0	0	0	66.6
		墓均（件）	1	0	0	0	0	0	1
中期	男（N=29）	随葬品比例（%）	72.4	38	3.4	44.8	20.6	20.6	86.2
		墓均（件）	5.76	1.03	0.03	4.03	0.3	0.34	11.49
	女（N=13）	随葬品比例（%）	61.5	0	30.8	46	7.7	0	69
		墓均（件）	1.62	0	0.3	0.85	0.07	0	2.84
	小孩（N=5）	随葬品比例（%）	80	20	0	20	0	0	80
		墓均（件）	1.8	0.2	0	1.2	0	0	3.2
晚期	男（N=14）	随葬品比例（%）	64.2	64.2	0	14.2	50	14.2	85.7
		墓均（件）	1.64	1.57	0	0.29	0.71	0.21	4.42
	女（N=8）	随葬品比例（%）	87.5	12.5	75	12.5	0	50	87.5
		墓均（件）	5	0.38	1	0.12	0	0.5	7

注：因没有发现晚期的小孩墓葬，故无法统计

青墩早期的墓葬随葬品，数量少而且种类简单，仅有陶器、骨角器和少量装饰品，没有石器和玉器，从两性的随葬品来看，差别不是很大。中期的随葬品无论是从数量还是从种类上来看，都比早期有了显著的增加（表5），特别是男性的人均随葬品达11件之多，远远超过同期的女性和儿童的人均随葬品数量，似乎男性的地位要高于女性和儿童。石器和玉器主要用于男性随葬，纺轮则主要用于女性随葬。晚期女性的随葬品有所增加，主要是陶器和纺轮的数量增加了，石器和玉器仍主要是男性用品。由于江淮东部没有山，其玉器肯定来源于江淮东部以外的地区，可能其中大部分来源于宁镇地区，一部分来自太湖地区。玉石器不是本地生产的，应属于交换的产品，从某种意义上来讲，应该比本地生产的陶器和骨角器更有价值，也是比较难得的。从这一点上来看，玉器和石器只用于男性随葬，一种情况可能是玉石器是男性身份地位的象征，另一种情况说明主要是男性掌握了玉石器的交换过程。女性和儿童的随葬品中没有此类物品，同样也说明了女性和儿童的地位已开始下降。晚期 个显著的特征就是骨角器特别是骨镞的数量锐减，骨角器主要是渔猎工具，它的多少反映了渔猎生产的发达与否，中期的骨镞数量特别多，说明了渔猎业兴盛，这一点与龙虬庄的墓葬情况比较接近，晚期的渔猎业则可能由于农业生产的发展而逐渐成为次要的生产方式。晚期的玉石器仍有明显的增加，可见周边文化对其的影响是逐渐加强了。

总体来说，青墩墓葬所反映的社会水平分化不是很严重，但是个体与个体之间还是存在一定的差别。

从文化发展的角度来看，早期处于较低水平，大部分无随葬品，有随葬品的随葬器物也很少，财产要素最多也只有两种；中期文化属于三个时期中比较繁荣的阶段，大部分墓葬都有随葬品，有的墓葬财产要素多达五种（图39），晚期的发展稍逊于中期，社会水平分化程度相对得到了一些缓和。

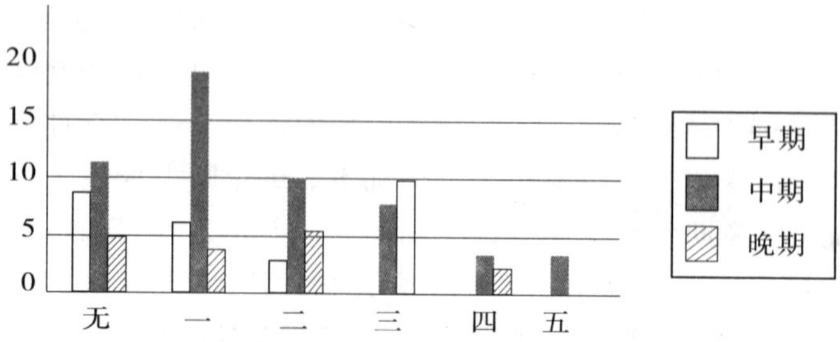

图39 青墩墓葬财产要素示意

（横轴数字代表财产要素的数量，纵轴代表墓葬的数量）

男女性别比例问题

青墩的男女比例相差较大，三个时期的男女人数分别为55人和23人，男性是女性的2倍还多。现代人类社会人口结构的大量统计资料表明，在无大规模战争的情况下，男女比例接近1∶1，即男女人数大致相等，这是由人类繁衍的生理机制所决定的。青墩墓葬所见的骨架性别比出现如此大的差异，是十分罕见的。不过我国新石器时代也有一些遗址出现了相当异常的骨性比，男性比例远高于女性的占大多数。例如在渭南史家墓地，665具骨架中男性有441具，女性只有224具，性别比达1.97∶1。兖州王因遗址，有547具骨架鉴定为男性，而女性骨架仅有233具，性别比为2.35∶1。邳县大墩子墓地，男性骨架有128具，女性85具，骨性比1.51∶1。造成这种情况的原因比较多，有鉴定的误差，有发掘面积有限而导致的误差。张忠培认为，性别比异常可能是由于女性早年夭折的比例较高，因此划分成年人与儿童的年龄界限的选择会影响成年男女的性别比。王仁湘则比较肯定地将新石器墓地骨性比异常作为原始人通过溺女婴来控制人口过速增长的证据。陈铁梅则认为，由于鉴定的误差加上新石器时代的男性骨架更易保存，其成年男女比例失调的程度也远不至于像骨性比鉴定结果所反映的那么严重。笔者认为，性别比差异是新石器时代遗址中比较常见的现象，这里面的原因可能是物理原因，也可能是社会原因，但是由于目前研究手段和方法有局限，这个问题还没有得到很好的解决，因此造成青墩墓地性别比差异的原因还须进一步探索。

（夏 寒）

青墩遗址与如海先民生存习俗

历史上海安、如东都因地处扬泰岗地最后一列沙脊而成陆。考古学界认为，“青墩遗址是江淮之间第一次进行科学发掘的典型遗址”。

青墩遗址的发现告诉我们：早在5 000年以前，如海一带刚成陆的土地上，就有了先民活动的踪迹。

一、如海一带先民的遗民特征

青墩遗址与南京北阴阳营文化、常州圩墩中层文化出土物相似的有：第一期遗存中以扁条形足为主的罐形鼎和鬶（guī音规，古代陶制炊事器具）形器、钵形豆（古代盛肉或其他食品的器皿）、敞口或圆腹平底钵、折腹钵、扁环耳罐以及个别白底红宽带纹彩陶等。同吴县草鞋山遗址和上海崧泽文化相似的有鼎、豆、罐、杯等。同苏州越城中层等早期良渚文化相似的有黑皮陶贯耳壶、豆、中扁肩平穿孔石斧，以及琮、璧、瑗、镯、坠等玉器。同江苏徐海地区刘林文化相似的有第三期高柄圈足杯。

二、如海一带先民的族属

如海一带先民属于夷族中的淮夷族。跟传说中的黄帝族、蚩尤族（即九黎族，后来之三苗）大致处于同一时代。自黄帝至禹三十世。夏朝始于公元前21世纪左右，加上此前的三十世合900年，算来黄帝、蚩尤时代距今约5 000年，与史籍所述黄帝、蚩尤时代最为贴近。

以蚩尤为首的九黎族，是我国古代著名的大部落联盟，遍布长江中下游流域。因地处江淮间的夷人文化有明显的区域特征，故被称为淮夷，如海一带先民当隶属淮夷族。

三、如海一带先民的人种

考证如海一带先民当属于（浅）黑色人种。从青墩遗址发掘的98座墓葬的人体骨骼来看，头骨亦具有一般蒙古人的形态，也具有长头、鼻骨宽而平、颜面低而宽和有明显的突颌特征。

考古学家佟柱臣在《中国新石器时代文化三个接触地带》一文中说："从事稻作农业的河姆渡人，头骨上有一般蒙古人种的形态，而在突颌特征上又反映出兼有与某些现代赤道人种相似的性质……长江流域从事稻作的主人与黄河流域从事粟作的主人，在体质上是有一定的差异的。"

四、如海一带先民的社会形态

从青墩遗址看，如海一带先民所处的时代，是由母系氏族社会转变为父系氏族社会的那段历史时期。

考古人员在青墩遗址墓葬中发现，凡女墓葬皆随葬装饰物较多，且身旁置一陶纺轮。而随葬品中生产工具（石斧、石凿、石锛和箭镞等）多并无纺轮者均系男墓葬。可以看出，当时如海一带先民从事主要社会经济生产的已是男子。当男子成为社会财富的主要生产者之后，也就拥有较多的私物，其权力和社会地位逐渐超过了女子。

随着男子对私物处理权的扩大，对偶婚进一步发展，子女已知谁是自己的生身父亲，他们要求改变旧的继承方式。从青墩遗址墓葬情况看，母系社会那种群男合葬与群女合葬的习俗已经消失，代替的是单人葬，并出现了一对男女（夫妻）合葬墓，以及个别的一男二女合葬墓。这表明一夫一妻制和一夫多妻制的雏形已经出现。

五、如海一带先民的物质文化

1.刀耕火种

古如海一带地处亚热带区域，5 000年前这一带的平均气温比现在高4℃左右。这里气候湿润，土壤肥沃，适宜于农业生产。从青墩遗址发现的石斧、石锛、石凿来看，这里的农业还处于刀耕火种的原始生产状态。

2.渔猎

青墩遗址发现的麋骨、角镞（箭头）达数百件之多，而未见石镞，可见当时先民们善于就地取材，物尽其用。遗址还有獐、野猪等野生动物的骨。地层中的蚌蛎壳、鱼骨堆积层达15~20厘米。这表明在如海一带先民的经济活动中渔猎占有一定的比重。在经过整理的动物标本中，占绝大多数的是麋鹿骨角，可见，先民们狩猎的主要对象是麋鹿。“海陵多麋鹿”的记载是有根据的。

3.制陶

青墩遗址出土的罐、鼎、钵、壶、豆等，系用氧化焰烧成的夹砂灰陶。这些陶器的制作，已采用了快速旋转的陶轮，所制陶器形状规则，厚薄均匀。最能反映如海一带先民制陶特色的是：夹砂陶的搀和料竟不是砂粒而是碎蚌蛎壳。可见先民们针对当地无山无石的特点，善于取用替代原料。这样制作的陶器与夹用砂粒制作的陶炊具同样有耐火烧、传热快、不易破裂的优点。

4.男耕女织

前已述，青墩遗址男子墓葬中随葬物多石制生产工具，而女子墓葬的随葬物有陶纺轮、骨针。相距不远的吴县草鞋山遗址亦出土了葛布碎片，表明如海一带先民当时对葛藤的性能与用途已有所了解，并掌握了用陶纺轮捻纱、织布的原始方法。

5.麋鹿海鲜

在青墩墓葬群的文化层，有厚达15~20厘米的蛤蛎贝壳堆积层，并有很多麋鹿骨和角。可见浩淼湖水、奔腾江水和茫茫海水，给如海一带先民们提供了取之不尽的水产食物，在广袤的原野上有众多的麋鹿可供捕食。这是当时如海一带先民食性的一大特色。

6.简陋而科学的居住

青墩遗址所发现的居住残迹虽不多，但有芦苇痕迹的堆烧土块。可见生活在气候湿润的江海平原上的先民，为驱除潮湿而采用烧烤地面、编扎芦苇涂泥作墙壁和顶盖的方法，构造简陋的居室，使之既适应自然环境，能避风遮雨，又符合当时的物质条件。

7.物物交换

这个地区无山无石，而在青墩遗址中却有磨光的石斧、石凿、石锛，还有玉璜、玉瑗、玉玦、玉环、玉琮等精制饰物。这表明，如海一带先民已有一部分剩余产品可用于交换诸如石、玉原料或其制成品。当然，这可能还仅是一种互通有无的以物易物的交换形式。

8.跨入文字的初级阶段

在青墩遗址内，随葬的有些麋鹿骨和骨制品上，发现一组组很有规律的刻画符号，堪为新中国考古中的独特发现。经海南大学数学系教授耿济先生破译，断定这是一种数卦。即当时先民通过刻画这种原始的文字符号的奇偶性来占卜。有一点可以肯定，早在5 000年前，如海一带先民已跨入文字的初级阶段，而且使用的是不同于中原象形文字的文字。

9.葬俗

青墩遗址内几乎每一座墓主的头前都置有鼎、壶、钵、豆等生活用具，在墓的四周置有石斧、石锛、石凿、箭镞等生产工具。有的墓葬中还置有玉制饰物。这就不难推测当时先民的原始宗教观念，即认为人死亡以后，将会到另一个世界去，为此将死者生前用物随葬，以“带过去”使用。直到近代，人们还将鼎、壶、豆等形态的器皿，作为祭祀的礼器，这体现了这种葬俗的痕迹。

青墩遗址内的墓葬，一般为仰身直肢葬。春秋时，晋国大夫狐堰（字子犯）说，仰的人叫做“得天”，俯的人叫做“伏其罪”。这里发现的98座墓葬中，除1座头向为南偏西的葬坑和一座4人乱葬坑外，其余都是头部东向。在同一座墓葬群中，葬式都是一致的。考古学界的学者认为，“头向是指过去故乡所在的方位”。青墩东临大海，先民们的葬式恰恰为之提供了一个反证：他们可能认为东方乃太阳升起之处，东向而葬含有向着光明之意。总之，这种葬式必然同当时人们的某种思想观念有关。

（徐 琛）

青墩遗址与历史上的淮夷、徐夷

上古传说中，蚩尤在东方，为九夷之首，黄帝战蚩尤更是许多人都知道的历史故事。那么，蚩尤与历史上的淮夷、徐夷乃至东夷究竟是怎么回事？与青墩古人乃至韩国人的汉宗争源有没有联系？这里不妨作些简略的剖析。

一、淮夷、徐夷与东夷的历史状况

要说淮夷、徐夷乃至东夷的历史状况，有必要先解释“夷”的本意。“夷”在古文献里泛指“东方各族”，亦称东夷。夏至周朝也有九夷之称。郭璞《尔雅注》：“九夷在东。”中国古代有时也用“夷”泛指四方的少数民族，如汉时总称西南少数民族为“西南夷”。此外，“夷”旧时还用来代指外国人。

《辞海》对淮夷的解释是：“古族名。东夷之一。夏至周分布于今淮河中下游一带。西周时，曾与徐戎数次联合抗周。春秋后，附于楚。秦时，‘皆散为民户’。”

徐戎即徐夷，亦称徐方，东夷之一。夏至周分布在今淮河中下游（今江苏西北部和安徽东北部）。周初，徐夷在今江苏泗洪一带为中心建立徐国，在东夷中最为强大，曾数次联合淮夷等抗周，春秋时被楚国所败，周敬王八年（前512）为吴国所并。

显而易见，淮夷、徐夷（包括东北夷等）均从属于东夷，都是相对于地处中原和西部地区的夏、周而言的。

这样看来，在古代夏、周时期，史书记载的淮夷、徐夷都是东夷的一部分，其范围大致分布于整个东部沿海地区的九个部落联盟（或族属，即九夷）所占据的地方。而韩国人所奉为始祖的蚩尤在我国古代神话传说中是东方九黎（夷）族首领，有兄弟81人，以金为兵器，能呼风唤雨，与黄帝战于涿鹿（今河北涿鹿东南），失败后被杀。

上古神话传说不等同于历史事实，但多少有些影子。那就让我们来看看蚩尤在传说中到底是怎样一个人物。

二、蚩尤战黄帝成为战神

蚩尤与黄帝是同时代的人物，“黄帝战蚩尤”，在许多古籍中都有记载。司马迁著述的《史记》未给蚩尤立传，但从他给黄帝撰写的传记中我们可以读到蚩尤的形象。上海古籍出版社出版的《史记·二十五史新编》依据司马迁的著述这样描述黄帝与蚩尤的争战：

> 黄帝是上古传说时代的一位圣主。一说姓公孙，一说姓姬，这两个姓，都打着周代的烙印。名轩辕，少典之子。
>
> 当时，发明农耕和医药的天下共主炎帝神农氏已经衰落，酋长们互相攻伐，战乱不已，生灵涂炭，神农氏也无可奈何。黄帝毅然担负起安定天下的重任。他用战争的手段，征讨抗命不从的部落，诸部落纷纷前来归附，最终形成黄帝、炎帝、蚩尤三大势力。黄帝居中原。炎帝在西方，居太行山以西。蚩尤是九黎君主，居东方，并向西发展。

蚩尤试图占据黄河下游地区。黄帝与炎帝结成联盟，三年中与蚩尤打了九仗，都未能获胜。后来在涿鹿（今河北涿鹿东南）的原野上与蚩尤再次决战。黄帝在大将风后、力牧的辅佐下，终于擒杀蚩尤，获得胜利。

战后，黄帝率兵进入九黎地区，随即在泰山之巅，会合天下诸部落酋长，举行了隆重的封禅仪式，告祭天地，宣告成功。

但不久，天下又出现骚乱。黄帝知道蚩尤的声威犹在，于是画了蚩尤画像到处悬挂。天下人都以为蚩尤未死，只是被黄帝降服，更多的部落都来归附。后来，蚩尤被尊为战神。

三、蚩尤兵败后部族的去向

《黄帝四经》里记载，蚩尤原名叫“之尤”，“蚩”是深山密林中一种类似于蛇的凶猛的爬行动物，凶残至极，后来绝迹于世。蚩尤把它用做自己的名字，意在炫耀自己凶猛无敌。据说蚩尤还通晓律历，明白天道，有勇有谋，文武双全。

蚩尤部落地处南方，气候温暖，水草茂盛，物产丰饶，当时他们的农业生产已经发展到能种植水稻，先民们已经吃上了大米，而且他们还最先发现了矿石，并用矿石冶炼铜铁，制造了刀、戟、大弩、杖等兵器[1]。蚩尤的军队大多使用这类金属兵器，比黄帝军队使用的竹木、石器之类的兵器厉害多了。所以，蚩尤与黄帝争战屡占上风。

但黄帝凭借仁慈，得到诸多部落联盟的支持，最终打败了蚩尤。

蚩尤在与黄帝争战的涿鹿大战中兵败被杀，他的部族当即溃散，其中一部分被黄帝部族俘虏同化，成了中原统治集团的顺民，在古代被称为黎民、黎元、黎首、黎庶的百姓，就是“九黎”归顺后的产物；他们中的一部分则继续留在东部地区，大致在今天山东、河南、河北三省交会之处，这一地区到汉代还有黎县、黎阳、黎山、黎水等地名，就是蚩尤遗民的遗迹。至于那些坚持抵抗的蚩尤部族，一部分向西北方

---

[1]《太白阳金》记载：“伏羲以木为兵，神农以石为兵，蚩尤以金为兵。”说蚩尤用葛卢山、雍狐山流出的金属水制成剑、矛、长戈等先进武器，先后兼并了几十个诸侯，进而与向中原拓展的黄帝部落发生战争。

流窜，后来在今山西壶关县一带建立起黎国，直至商末才被周吞并；另一部分向西南方向流窜，在黄帝鞭长莫及的湘、黔、滇一带得到长足发展，这就是后来的苗族。苗族人奉祖先“剖尤”、“尤公公”、“枫神”，就是祭祀他们的祖先蚩尤……

当然，也有部族溃逃时不择方向去了其他地方。

四、蚩尤部族东去朝鲜半岛的可能

史书上虽然没有明确记载蚩尤部落兵败后向东流窜至今天的朝鲜半岛，但河北涿鹿与朝鲜半岛陆地相连，山东半岛与朝鲜半岛隔海相望，不排除有这种可能。

第一，涿鹿古战场背倚渤海湾，蚩尤部落兵败溃散时最便捷的溃逃方向就是沿海湾向半岛流窜，因此不排除蚩尤部族退却到沿海岛上或直接东去朝鲜半岛的可能。史书之所以没有言及这一流窜方向，是因为后人记载上古史事仅是从中华版图的格局以及各地散布的部落联盟的族属上去分析判断补记的。比如西北有黎国，山东、河北等地有黎阳、黎山地名，西南有苗族等，他们的祖先从哪儿来？仔细考证后便可以确认是蚩尤的部族兵败流窜遗留下的。而溃逃到半岛上去的，（许多情况下）不在中华版图之内，天高皇帝远（蚩尤部族为躲追杀也必须隐忍），自然没有人去分析研究。况且蚩尤部族（九夷）长期居于东方，对东部沿海地区的地形非常熟悉，因此极有可能渡海或沿渤海湾溃逃到朝鲜半岛上去。

第二，蚩尤部族即使涿鹿之战溃败时没有东去朝鲜半岛，那么继续留在山东、河北的部族为了生存和发展也有可能在日后从陆路或水路东去朝鲜半岛。一个已经能够用金属打制兵器的部族完全有能力以舟渡海，即使不以舟渡海，也可以在打猎捕鱼时沿海湾探索过去。

第三，黄帝战胜蚩尤后，在河北涿鹿县的釜山与各路诸侯会盟，接受各路诸侯的朝拜，并定国都于涿鹿山下（以后每有征战就随迁一地）。这个釜山就在河北涿鹿县保岱乡窑子头村，至今犹在。釜山上有一片平整的台地，人们叫它“丹墀地”，大概就是黄帝会盟诸侯的盟址了。山顶上还有会盟石，雕有象征“黄中达理”的图形。专家解释其含义为：普天之下，四域疆土，天地交午，皆归于中。兀立山顶向东眺望，涿鹿盆地尽收眼底。有趣的是，韩国也有个釜山，若韩国釜山之名古已有之，就极有可能是蚩尤部族退居朝鲜半岛后继续与黄帝分庭抗礼的表现……

五、韩国人尊蚩尤有崇汉情结

如果说蚩尤部落退居半岛并在那儿生存繁衍，成为韩国人最早的祖先，那么后来历史上大陆与古高句丽、高丽之间的战争（有中原征讨高句丽、高丽的，也有高句丽、高丽进犯大陆沿海或辽东的），就更使古代高句丽、高丽与大陆、中原产生了不可割裂的联系。

史书记载，大陆与高句丽、高丽之间的交往与战争加快了大陆与高句丽、高丽之间文化习俗的融合与联系。中国汉朝、隋朝和唐朝都与古高句丽、高丽发生过战争，唐朝和高句丽之间的战争打得最长，不仅终结了朝鲜历史上的前三国时代，还将高句丽原统治区的人口大部分迁移到中国内地，使大量高句丽人“融入中国”；而后来朝鲜半岛的新罗国在唐朝势力衰退时又收回许多唐朝所属的半岛北部的土地，把唐朝统治的人口部分收回。这种拉锯式的战争，使汉文化在半岛进一步扩散，以至朝鲜的后三国时代（高丽、新罗、百济）的政治经济达到相当的程度。

至于和平时期大陆与半岛的交往，更使中国的文化因子扩散到朝鲜半岛。在相当长的历史时期，朝鲜人穿汉服，儒生做汉诗——即使到今天，韩国的许多历史电视剧的画面上（如《大长今》等）仍可以看到写有汉字的屏风、挂轴等。这说明，一衣带水、隔海相望的朝鲜半岛与中国大陆实在是有着源远流长的联系。难怪韩国人要说蚩尤是他们的祖先，而且韩国人要拿中国古代的许多优秀发明来与他们的老祖宗联系上……

其实，在中国，古人把夏、商、周、秦、汉、安息、鲜卑、匈奴、蛮、狄等的始祖都追述到黄帝，而蚩尤的后裔则因老祖宗战败而鲜有人认宗（只有苗族人自认是蚩尤的后代），韩国人敢于自称蚩尤是他们的祖先，未必不是一件好事。况且朝鲜半岛上那么多古人和今人，谁能说他们不是从中国大陆沿海过去的呢？

六、江淮大地曾是蚩尤部落领地

《中国历史地图集》（中华地图学社1975版）第一册在原始社会早期遗址图（旧石器时代）部分标明江淮地区有旧石器时代下草湾遗址（第5-6页）。就是说，早在一万年前江淮地区就有古人类在此繁衍。到了新石器时代，则明确标示江淮东部地区有青莲岗遗址（此时青墩遗址虽已被发现，但考古挖掘报告尚未发表，故外界不知）。

此外，阜宁、淮安、涟水等地也有新石器时代遗址。而1973年和1992年先后发现的海安青墩遗址和高邮龙虬庄遗址，以及后来陆续发现的东台开庄、姜堰单塘河、兴化南荡等遗址，则表明江淮东部地区早在五六千年前就成为远古人类生息繁衍的重要地区。令人瞩目的是，《中国历史地图集》第一册《商时期全图》和《西周时期全图》都明确标示这一地域活动的远古人类部落均是淮夷（第9-10、13-14页），其中第13-14页的《西周时期全图》还特别标示是“淮夷（九夷）”部落，它分布在江淮乃至江淮东部地区。

商代为公元前1600—前1046年，距今约3 700年，而西周（公元前1046—771年）距今3 000多年，这时期的江淮地区和江淮东部地区都是淮夷乃至九夷的活动区域，这就表明九夷（黎）部落首领蚩尤在与黄帝大战涿鹿兵败后，其部族仍活动在这一区域。因为我们知道，《中国历代纪元表》标示，“五帝”（黄帝、颛顼、帝喾、尧、舜）在位的历史活动区间为约公元前30世纪初至约公元前21世纪初，也就是距今5 000多年至4 000多年前，黄帝战蚩尤的历史事件就应该发生在距今5 000年至4 500年。而这一历史时期恰巧与海安青墩遗址出土文物测定的青墩古人活动的绝对年代（距今5 500年至5 000年）有重合的部分。前文所说的蚩尤部落其农业生产已发展到能种植水稻，先民们已吃上大米，青墩遗址发掘时又发现“成团成团的炭化稻谷”，后来韩国的欣岩里、松菊里又有稻作农业从江淮东部地区东传的轨迹，这就让人不能不遐想：可能是蚩尤部落战败后将江淮地区的农业文明带到了朝鲜半岛，然后又东去日本九州创造了“弥生文化”[1]。至于青墩古人在麋鹿角刻纹上留下的易卦初始符号与韩国国旗图案上的八卦符号相吻合，则更让人对韩国人尊蚩尤为始祖增添了理性的认同[2]。

（王其银）

[1] 青墩文化.长春：吉林人民出版社，2005.88.

[2] 青墩文化.长春：吉林人民出版社，2005.121.

青墩文化面貌

江苏和安徽的长江以北与淮河以南的长江下游平原（即江淮地区），主要有两支新石器时代文化，即以江苏海安青墩遗址的文化遗存为代表的“青墩文化”和以安徽省潜山薛家岗遗址的文化遗存为代表的“薛家岗文化”。前者分布于江苏的江淮地区，后者分布于安徽的江淮地区。

江淮东部原始文化的命名与青墩文化的内涵

江淮东部地区是指运河以东、长江以北、淮河以南滨临黄海的广阔地域。由于历史上这一地域从未发现古人类遗址，因此中国考古界一直认为这一地域是考古“盲区”，没有原始文化。但1951年淮安青莲岗遗址的发现突破了这一传统理论。

淮安青莲岗遗址地处淮河南岸，规模不大，只有2 000

平方米左右，出土文物极少，仅9件石器、8件陶器及部分碎陶片、红烧土等遗物，文化层堆积深厚一层。但就是这有限的发现，刷新了江淮东部考古学文化空白的历史，中国考古界仍把它命名为“青莲岗文化”。1979年，上海辞书出版社缩印本《辞海》撰写了关于青莲岗文化的条目，标明这是“我国新石器时代的一种文化”。

青莲岗遗址发现之后，江淮东部又沉寂了20多年，直到1973年8月，海安沙岗青墩水利施工发现大量陶器和“龙骨”，并于1978—1979年由南京博物院组织大规模发掘，进而确认了青墩遗址的重大考古价值，人们才再一次关注江淮东部地区的原始文化。然而由于“文化大革命”的阴影尚未去除，人们在思想上对旧的东西还有顾忌，加上当时传媒手段滞后，直至1983年才在《考古学报》上发表了《江苏海安青墩遗址》的发掘报告，这一拖就是10年，从而使上世纪70年代江淮东部最重大的考古新发现失去了应有的光彩，原本新鲜生动的“活鱼”被晾干了。

时间进入上世纪八九十年代，江淮东部又先后发现了海安吉家墩、东台开庄、兴化南荡、姜堰单塘河、阜宁陆庄、高邮龙虬庄和周邶墩等10多个新石器时代遗址，其中尤以高邮龙虬庄遗址发掘规模最大，出土文物最丰富，因而被中国考古界评为“1993年中国十大考古新发现之一”。至此，江淮东部地区在远古时代存在独立的原始文化成为不争的事实。

但人们发现，江淮东部地区原始文化的命名却存在许多争议。一是传统考古理论认为，江北属山东大汶口文化，江南属浙江马家浜文化，因此有人主张将江淮东部地区的原始文化归属山东大汶口文化；二是从青墩等遗址的出土文物上可以看到江南良渚文化、崧泽文化的影响，有人便以为江淮东部的原始文化等同于江南的马家浜文化，进而不给江淮东部原始文化命名或干脆将其归并到良渚文化、崧泽文化中去；三是南京博物院的考古专家依据高邮龙虬庄遗址的发掘成果，认为江淮东部的原始文化以青莲岗命名太单薄，不典型，应重新命名为“龙虬庄文化”。于是江淮东部地区原始文化的命名引起多方关注。

关于考古学文化的命名，中国史学界泰斗夏鼐先生曾这样说过：“文化的名称如何命名，似乎可采用最通行的办法，便是以第一次发现的典型遗迹（不论是一个墓地或居住遗址）的小地名为名。”淮安青莲岗是江淮东部第一次发现的新石器遗址，正是基于这样的习惯做法，所以被人们命名为青莲岗文化。但南京博物院考古研究所所长张敏先生认为，夏鼐先生强调的是“典型遗迹”，是“第一次发现的典型遗迹”，而不仅仅是第一次发现的遗址，他认为龙虬庄遗址出土文物丰富，规模很大，也很典型，因此他主张应该将江淮东部的原始文化重新命名为“龙虬庄文化”[1]。

张敏先生的提议有考古依据，也有一定的道理。但如果用“第一次发现的典型遗迹”衡量命名江淮东部的原始文化为“龙虬庄文化”，又似乎欠公允。因为江淮东部“第一次发现的典型遗迹”不是龙虬庄遗址，而是海安青墩遗址。众所周知，1973年发现，1977—1979年连续三次被发掘的青墩遗址（含试掘），是江淮东部地区历史上第一次被大规模考古发掘的遗址，且出土文物丰富（许多文物至今仍是全国唯一），文化层堆积深厚（6层），遗址规模面积20 000多平方米。如果用考古学文化命名的“第一次”和“典型”的原则来衡量，青墩遗址当之无愧。

为了更好地论证这一观点，我们不妨看看考古学家张忠培先生就夏鼐先生提出考古学文化命名原则，针对如何把握“典型遗存”所作的具体说明：

---

[1] 龙虬庄遗址考古队.龙虬庄.北京：科学出版社，1999.517–519.

> 所谓典型遗存，是指同类型遗存中最具代表性的遗存……作为考古学文化依以命名的典型遗存，还应考虑其是否具备以下三方面标准：(1) 反映古代居民的活动具有一定的规模以及遗存情况较好；(2) 遗存在年代及地域上具有质的相对稳定性，而不是那些过渡性遗存；(3) 考古工作具有一定的质量及规模……总之，三项标准是一整体，缺一不可。关键是能否在遗存的研究中概括出对其所代表的考古学文化的稳定的基本内涵、特征及性质的认识。[1]

很显然，只有同时符合张忠培先生对“典型遗存”提出的三个标准，且是第一次，才可以根据遗址的小地名来命名文化。那么，让我们来看看江淮东部地区三个代表性遗址何处最具备条件？

从江淮东部地区代表性遗址基本情况比较（表6）可以看出，青墩遗址在江淮东部三个最具代表性的遗址中规模不是最大，但遗址发掘保存情况、文化层堆积和地理位置均符合张忠培先生提出的三个标准。

表6 江淮东部地区代表性遗址基本情况比较表 单位：平方米

代表性遗址 数据类别		青莲岗 （1951）	青墩 （1973）	龙虬庄 （1993）
遗址规模及保存状况		2000（无存）	20000	43000
遗存年代及地域稳定性	文化层	1层	6层	8层
	地理位置	江淮东部北缘	江淮东部中部	江淮东部西缘
考古工作质量及规模		考古调查	正式发掘490	正式发掘1335

说明：青墩遗址1977年南通博物苑试掘的25平方米未列入

[1] 张忠培.研究考古学文化需要探索的几个问题.郑州：中州古籍出版社，1994.

相反，青莲岗遗址、龙虬庄遗址均存在一些缺陷。青莲岗遗址地理位置处在淮河岸边，遗址规模很小，没有正式发掘，仅限于考古调查，由于开挖河塘已将遗址全部毁坏，没有“较好”地保存，因此独立命名遗址文化显得单薄；龙虬庄遗址规模最大，考古发掘也很典型，遗址保存情况也很好，但其地理位置在运河边缘，更接近江淮西部的“贾湖文化”和中部的“侯家寨文化”，有过渡性遗址嫌疑，而这两处发现、发掘时间分别比青墩遗址晚了20年与16年。因此用“第一次发现的典型遗迹”的标准来衡量，江淮东部原始文化的命名还是以青墩遗址——青墩文化为最好。

或许正是由于龙虬庄遗址存在缺陷，加上人们对江淮东部原始文化的认知还有个过程，有学者在提出命名“龙虬庄文化”时，对其“所代表的考古学文化的稳定的基本内涵、特征及性质”进行了分析和阐述，但没有给“龙虬庄文化”概括下定义。与此同时，我们在编撰出版《青墩文化》的过程中，发现许多专家学者在他们研究青墩遗址的考古学术论文中都相继提出了“青墩文化”的命题，且有很多精辟的论述，这里不妨略举几例。南京博物院考古研究所所长张敏先生在《青墩陶器杂谈》中这样写道：

> 青墩遗址的文化内涵实在是太丰富了，厚厚的贝壳层，整齐的干栏式建筑，排列有序的氏族墓葬，大量的动物遗骸，成团的炭化稻谷，精美的玉石器和骨角器，造型各异的陶器，刻有“原始八卦”的麋鹿角……青墩遗址的文化遗存可以作为距今6000～5000年之间的江淮地区原始文化的代表。[1]

考古学专家张敏先生先后参与了海安青墩遗址和高

---

[1] 张敏.青墩陶器杂谈.青墩文化.长春：吉林人民出版社，2005.176–179.

邮龙虬庄遗址的发掘，他说“青墩遗址的文化遗存可以作为……江淮地区原始文化的代表”，应该说是最具权威性的。我们再看江苏省社会科学院研究员、博士生导师吴功正先生的论述：

> 江苏海安青墩遗址所透现出来的意义是十分显著的。从发掘出来的物器、物件来看，其丰富蕴藏令人惊叹，其文化——美学涵量则至为宏深，它可以独立命名为“青墩文化”。[1]

吴功正是文化美学史研究专家，他对青墩遗址出土文物折射的陶文化、玉文化进行过深入细致的研究，他的论述应该具有很重的分量。

我们再读读南京艺术学院教授、玉文化研究专家殷志强先生的一段论述：

> 带柄穿孔陶斧，是开启青墩文化之门的一把钥匙，是认识青墩文化的法宝……江淮地区的玉器，带有很多的青墩文化色彩，说明青墩文化不仅有吸收外来文化的能力，而且还有很强的文化辐射能力……青墩文化在频繁的输入与输出的过程中，不断壮大发展自己的文化，成为江淮地区原始文化的“领跑者”。[2]

从上述文字中不难看出，青墩文化在专家学者心目中已烙上深深的印记，在他们的著述、言论中则清晰可见其对青墩文化一词的运用已到了相当娴熟、不可或缺的地步。

---

[1] 吴功正.华夏文明之光：青墩遗址的文化——美学史意义.苏东学刊，2003（2）.

[2] 殷志强.玉器反映的青墩文化性质.青墩文化.长春：吉林人民出版社，2005.159-164.

因此，对青墩文化不管是否有人说三道四，它已如日出东方——纵有阴云遮蔽也必然霞光万丈了！

为了便于读者更好地认识、把握青墩文化的基本内涵、特征和性质，同时与江南、江北的诸多原始文化进行比较，这里将青墩文化的内涵概括如下：

> 青墩文化：我国新石器时代的一种文化。1973年发现于江苏海安青墩，故名。主要分布在长江、淮河下游的江淮东部地区。出土陶器有夹砂褐陶和泥质灰陶、黑陶、红陶四个陶系，流行三足、圈足器，也有平底器。饰纹有瓦棱纹、弦纹、篮纹、竹节形纹、锥刺纹、附加堆纹和椭圆形捺窝，圈足上有镂孔和刻印纹；骨角器丰富，有骨镞、骨镖、骨凿、骨耜、骨搬指和角锥、角耒、角纺轮等，并发现罕见的刻纹鹿角，被认为是易卦起源的初始符号；玉石器有石斧、石锛、石凿、石铲、石锄和纺轮、装饰玉器等，并出现仿石斧制作的带柄陶斧；有干栏式建筑和偏粳型炭化稻谷遗迹。经济生活以农业为主，渔猎、采集、饲养也占有一定份额。据碳14测定，青墩文化的年代约为公元前4 000年至前3 500年，特殊地域的文化遗存可能更久远一些。

上述内涵可以修正、补充青莲岗文化作为代表江淮东部原始文化的许多不足，也能够包容龙虬庄遗址所蕴含的原始文化。因此，如果将青墩文化作为江淮东部原始文化的代表来命名，是经得起推敲的。[1]

（王其银）

---

[1] 本文刊《东南文化》2005年第5期，作者王其银。

青墩文化中长江、黄河流域的古文化因素

青墩文化分布于江淮东部南端。青墩文化的典型遗址青墩遗址位于海安县沙岗乡（现南莫镇）。青墩文化所处的地理位置使其既具有长江下游太湖流域崧泽文化和良渚文化的因素，以及宁镇地区北阴阳营文化的因素，又具有黄河下游大汶口文化晚期和龙山文化的因素。

一、长江下游江南地区新石器时代文化因素的影响

1. 含崧泽文化因素

崧泽文化属于太湖流域的新石器时代晚期文化，它晚于马家浜文化，早于良渚文化。

崧泽文化以太湖流域作为其分布的中心地区。它可分为早、中、晚三期，中期的文化特征最为明显。

中期常见的石器有斧、锛、铲、锄、凿、矛、纺轮等，其中以穿孔石斧、穿孔石铲、有段石锛和石锄最具特征性。石器皆通体磨光，刃部锋利，器形比较规整，厚薄均匀，孔大多由两面对钻而成。玉器的制作也比较精致，器形有璜、环、珠、坠饰等。

陶器中灰黑陶的数量比马家浜文化晚期有所增加，红陶的数量减少，灰黑陶的比例大于红陶的比例。器表多为素面，纹饰有弦纹、瓦棱纹、竹节纹、绳纹、压画纹、堆纹、镂孔及彩绘。镂孔主要施于豆柄上，有圆形、三角形和长方形。个别器物的肩部或底部有刻画符号或刻画动物形象。常见的器形有鼎、釜、甑、甗、罐、盆、豆、钵、炉箅、器盖等。

炊器中还有一种由甑和鼎套合的甗。鼎大多为釜形，多扁铲足，少数为凹弧足。豆大多为高柄竹节，少数为粗矮柄。罐以折腹的为最多，弧腹的次之，折肩折腹的较少，都为平底。肩腹部常有锯齿形的附加堆纹和各种压画纹。壶以折肩折腹为主，瓦棱腹少见，多数为平底。盆为卷沿折肩平底。上述器物中，以扁铲足鼎、高柄竹节形豆、折肩或折腹的罐和壶、折肩盆为典型器物（图40）。

崧泽文化的年代，经过碳14测定的年代数据只有两个，分别为距今5 230±200年（ZK438-0）、4 635±105年（ZK437-0）。前一个数据是以崧泽遗址中层的第三期墓葬骨骼标本测定。与崧泽文化时代相当的苏北海安县青墩遗址的一个碳14数据为距今5 330±175年（WB78-7）。根据这些数据判断，崧泽文化的年代为距今5 300年至5 000年。

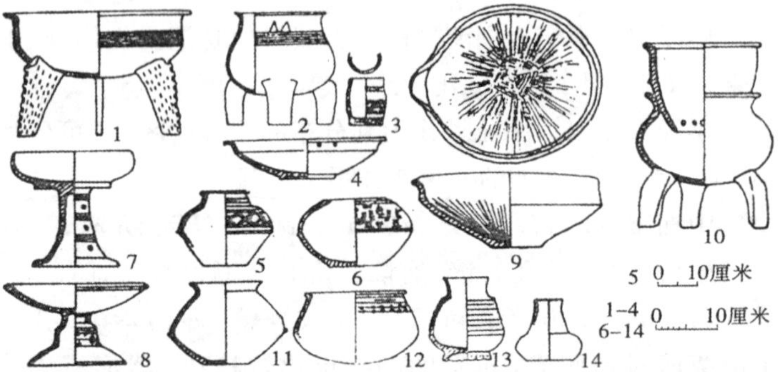

1、2.鼎 3.杯 4.盆 7、8.豆 5、6、11.罐 9.澄滤器 10. 甗 12.釜 13、14.壶
（10.江苏吴县草鞋山出土，余均为崧泽出土。依任式楠，1984）

图40 崧泽文化遗存

2. 含良渚文化因素

良渚文化的分布虽以太湖流域为其中心地区，但受到良渚文化影响的地域却是很广的。

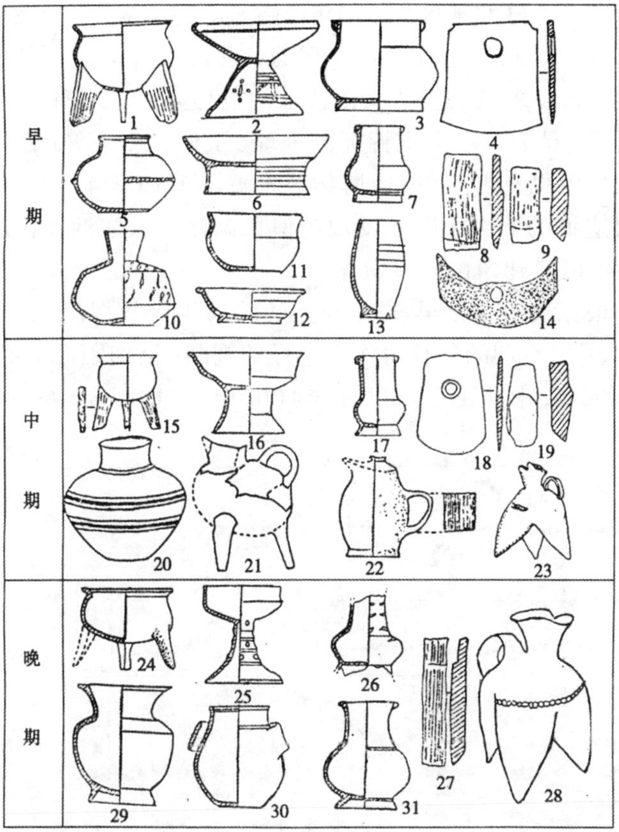

一、名称：1、15、24.鼎　2、6、16、25.豆　3、7、17、26、31.贯耳壶　4、18.石斧　5、10、29.壶　8、9、19.石锛　11、12.盆　13、22.杯　14.耘田器　20、30.罐　21、23、28.鬶

二、出土地：1、2、6、7、8–14.江苏苏州越城　3、4.吴县张陵山　5.吴县草鞋山　15、18、19.昆山绰墩　16.浙江吴兴钱山漾　17.良渚荀山　20.江苏吴江梅堰　21、22.上海马桥　23.江苏武进寺墩　24、29–31.浙江湖州花城　26、28.嘉兴雀幕桥　25.良渚二区　27.江苏常熟嘉菱荡

图41　良渚文化典型器物

根据现已公布的资料，受到良渚文化影响的地区，北达苏北和鲁南，西到宁镇地区、安徽的江淮地区及鄂西地区，

南抵粤北和赣北地区。1976年由南通博物苑调查，1978年和1979年由南京博物院主持发掘的苏北海安青墩遗址的上文化层中曾发现具有良渚文化特征的贯耳壶、有段石锛、双孔石斧等。具有良渚文化特征的玉琮、玉璧、玉瑗等玉器在青墩遗址中也有出土（南通博物苑发掘出土）（图41、42）。在青墩遗址的下文化层还发现类似太湖流域马家浜文化的骨耜及干栏式建筑的房屋遗存。

根据良渚文化早、中、晚期的碳14年代数据，对良渚文化早、中、晚期的年代可作出这样的判断：早期距今5 000年至4 500年，中期距今4 500年至4 000年，晚期距今4 000年至3 700年。

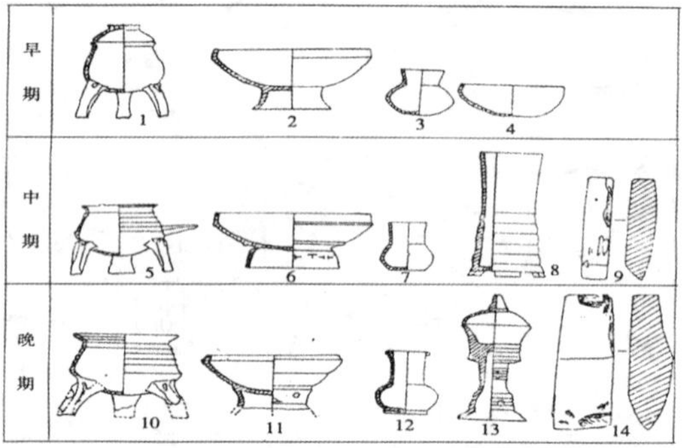

1、5、10.鼎 2、6、11.豆 3、7、12.壶 4.钵 8、13.杯
9、14.石锛（遗存均为青墩遗址出土）

图42 青墩文化遗存

3. 含北阴阳营文化因素

青墩文化中的许多石器，例如穿孔石斧、石锛、有段石锛、石铲、石凿等，都和宁镇地区的北阴阳营文化的同类器相似。青墩遗址地处江淮地区东部南段，该地区无制造石器的原料，其石器可能由宁镇地区传入。

青墩遗址早期文化遗存中的罐形鼎、有柄鬶形器、钵形豆等，在南京北阴阳营的下文化层遗存都有相似的发现，其制作方法也相似。

青墩遗址下文化层发现炭化稻谷，以及非农作物的遗存如桃核、芡实等。动物骨骼中的猪、狗、水牛等，也是太湖流域崧泽文化、良渚文化遗址和宁镇地区新石器时代遗址中常见的遗存。

二、黄河下游大汶口文化晚期和龙山文化因素的影响

1.含大汶口文化晚期因素

（1）青墩文化中所含大汶口文化晚期因素。

大汶口文化晚期陶器制作的轮制技术已用来生产大件陶器。晚期的陶器以灰陶的数量最多，次为黑陶和白陶。主要器形有鼎、鬶、盉、钵、杯、盆、尊、瓶、壶、罐等，陶器的这些特征也见于青墩文化中（图43）。

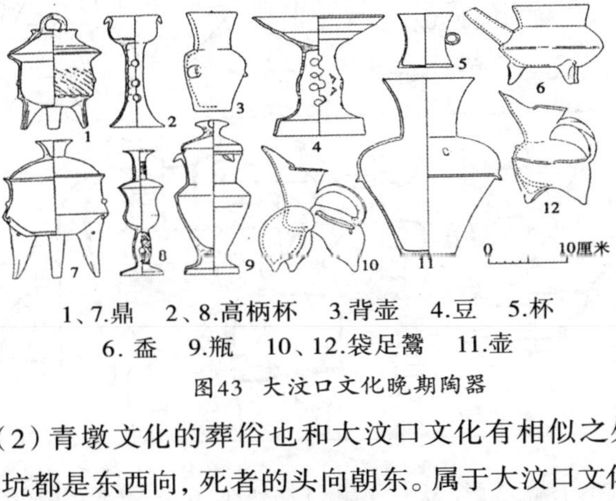

1、7.鼎　2、8.高柄杯　3.背壶　4.豆　5.杯
6.盉　9.瓶　10、12.袋足鬶　11.壶

图43　大汶口文化晚期陶器

（2）青墩文化的葬俗也和大汶口文化有相似之处。例如，墓坑都是东西向，死者的头向朝东。属于大汶口文化的苏北邳县大墩子遗址的一座墓葬（M316），其死者为一中年男性。其左股骨上被一个三角形骨镞射进骨内达2.7厘米，骨镞尚留在骨内。类似的现象在江苏海安青墩遗址的墓葬中也有发现。青墩遗址的一座墓葬时代与大汶口文化中晚期的相当，其骨骼的上、下肢均被砍断。这说明当时随着私有财富的逐渐增多，部族之间为掠夺财富的战争也随之增多。

2.含龙山文化的因素

典型的龙山文化主要分布于黄河下游地区，其中包括山东的全境、江苏和安徽的淮河以北地区。

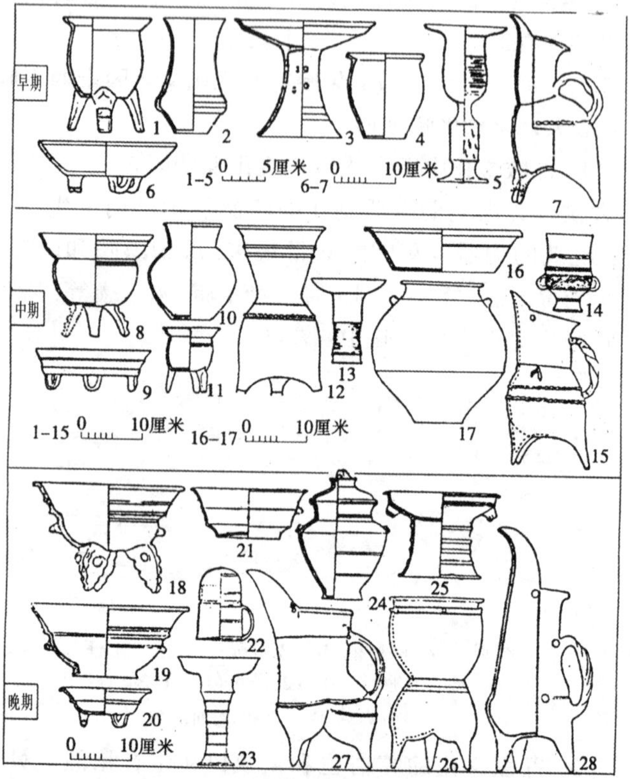

早期：1.鼎 2.觯 3.豆 4.罐 5.高柄杯 6.盘 7.鬶(山东诸城呈子出土)

中期：8、11.鼎 9.盘 10.罐 12.甗 13.高柄杯 14.双耳杯 15. 鬶 16.盆 17.瓮（山东胶县三里河出土）

晚期：18.鼎 19、21.盆 20.盘 22.单耳杯 23.高柄杯 24.罍 25.豆 26.甗 27、28.鬶（18-21、25、28.山东潍坊姚官庄,22-24、26、27.山东胶县三里河出土）（依邵望平,1984）

图44 龙山文化陶器

典型龙山文化的陶器特征是：轮制极为发达，故使器形浑圆、胎壁厚薄均匀，器身各部分比例匀称、和谐，造型规整、优美；陶色纯正，表里透黑，火候高。其典型器物有“鬼脸式”足的曲腹盆形鼎、三角形足的罐形鼎、三足盘、高圈足盘、蛋壳陶高柄杯、各种陶杯、双耳带盖罍、鬶、甗、盉等（图44）。

青墩文化的陶器与龙山文化的陶器有许多相似之处，如陶系有夹砂褐陶、泥质红陶、灰陶和黑陶。陶器多为素面，纹饰有弦纹、瓦棱纹、划纹、锥刺纹、篮纹、附加堆纹、镂孔等。主要器形有鼎、豆、盆、钵、罐、瓮、缸、碗、杯、器盖等。

青墩文化的葬俗、葬式等，也和龙山文化相似。

三、青墩文化的基本特征

通过以上阐述，说明青墩文化中既含有太湖流域崧泽文化、良渚文化，宁镇地区北阴阳营文化的文化因素，又含有黄河流域大汶口文化晚期和典型龙山文化（山东龙山文化）的文化因素。但青墩文化又具有自身的文化特征。

青墩文化的生产工具有石器、骨器和角器。石器有穿孔石斧、石锛、石凿等。骨器有骨镞和骨鱼镖，以骨镞的数量最多。

陶器有夹砂褐陶、泥质红陶、灰陶、黑陶，以夹砂灰陶为主，次为泥质红陶。陶器多为素面，纹饰有弦纹、瓦棱纹、划纹、锥刺纹、篮纹、附加堆纹、镂孔和红色陶衣。镂孔主要施于圈足器的柄部，弦纹、瓦棱纹多见于鼎、罐和杯的肩腹部，篮纹仅见于粗砂陶之类的大型器皿的腹部。红陶衣多见于粗砂厚胎陶器上，锥刺纹满布于鼎足表面。主要器形有鼎、豆、罐、瓮、缸、碗、杯、壶、器盖等，以鼎、豆、罐的数量为最多。杯大多为侈口筒形，腹部有弦纹和瓦棱纹，杯底有平底、三宽扁足和花瓣足等。侈口三足杯与大汶口文化的三足觚形杯近似。

青墩文化主要分布于江淮东部南段的高阜上，与青墩文化的文化面貌相似、时代相当的文化遗址还有海安县隆政乡的吉家墩遗址。

青墩文化具有一定的分布范围，有着自身的文化特征。自身的文化特征决定其文化性质。根据青墩文化特征，既不宜将其归属太湖流域的新石器文化系统，也不宜归属黄河下游的新石器文化系统，而应将其作为一种独立的文化系统。青墩文化是一支具有自身文化特征的新石器时代文化。

（张之恒）

青墩文化代表江淮地区江苏段的原始文化

江苏和安徽的长江以北与淮河以南的长江下游平原（即江淮地区），主要有两支新石器时代文化，即以江苏海安青墩遗址的文化遗存为代表的“青墩文化”和以安徽省潜山薛家岗遗址的文化遗存为代表的“薛家岗文化”。前者分布于江苏的江淮地区，后者分布于安徽的江淮地区。

一、青墩文化遗存

根据青墩遗址的地层关系，可将青墩文化遗存分为早、中、晚三期。

1.早期

早期以青墩遗址的下文化层和早期墓葬为代表。

房屋遗存只在青墩遗址的下文化层发现一些残迹。青墩下层的一个探方（T15）中，发现木桩和长木条32根。其中木桩25根，均竖直插入生土中，最深者达55厘米。木桩的下端有的砍削成圆锥形，有的砍削成斜面。7根圆木条长度都在1米以上，有些木条的一端还有卯榫痕迹。这些木桩和圆木条大多分布在两个长方形的范围内，方向均为西南向。在木桩分布的范围内，发现许多鱼骨、兽骨、菱角和硬化了的粪便等遗物。根据木桩和圆木条的形状与排列的情况来看，应属建筑遗存，可能是“干栏式”建筑。

生产工具有石器、骨器和角器。石器有穿孔石斧、石锛、石凿等。骨器有骨镞和骨鱼镖。

陶器有夹砂褐陶、泥质灰陶、红陶和黑陶，以夹砂褐陶的数量最多，次为泥质灰陶。夹砂褐陶的羼和料多为蚌壳和细砂，羼粗砂较少。泥质陶的火候一般较低。泥质红陶呈橙黄色，胎呈灰色。一部分厚胎的粗砂褐陶，表面有红陶衣。泥质灰陶的器表为瓦灰色。常见的纹饰有弦纹、划纹、锥刺纹、瓦棱纹、附加堆纹、指窝纹和镂孔。常见的器形有鼎、豆、盆、钵、碗、杯、缸、罐等。鼎有圜底釜形、平底罐形和平底盆形三种。釜形鼎有盖。鼎足多为宽扁形或扁长条形，大部分上端有一至三个捺窝，有的表面有一道竖沟槽。一部分鼎的口沿下有一对鋬状耳或在口内有一对上下贯通的大环耳。豆圈足大多数为矮喇叭形，少数为细长柄，一部分圈足上有圆形、方形、长方形、长条形的镂孔。在各种形式的罐、盆、钵中，以双曲腹钵、敛口钵、短流深腹钵、折腹罐、三足带把罐等特征性最强。青墩文化早期的陶器，其中有一部分器形（釜形鼎、三足带把罐）和黄河下游的大汶口文化同类器形比较相似。

青墩遗址的4C层或4B层底部与第5层的交界处，发现墓葬17座。大多数墓葬为头向东的单人仰身直肢葬，一部分有浅穴墓坑。大部分墓都有随葬品。随葬品大多为日用陶器和骨、角器，未见石器随葬。

青墩的下文化层中发现炭化稻谷，人畜粪中也有未消化的稻壳。植物果实中有桃核、芡实等。动物骨骼中有狗、水牛、猪等。这些都说明在青墩文化的早期，农业和家畜饲养业已有一定的发展。

2.中期

中期以青墩遗址的中文化层和中期墓葬为代表。

石器有穿孔石斧、石锛、有段石锛、石铲、石凿等。陶质工具有纺轮、弹丸、陶拍等。中文化层还出土一件有柄穿孔陶斧。这件仿照实物制作的小型陶斧，系泥质红陶制成，分柄和穿孔斧两部分；柄前粗后细，前端翘起，有浅槽可嵌入穿孔斧，槽后有三孔，可穿绳缚住斧身使其固定在槽内。这件有柄陶斧虽非实用工具，但为当时穿孔石斧的装柄方法提供了实物证据。骨、角器的数量很多，常见的器形有镞、鱼镖、锥等，以骨镞的数量最多。

陶器有夹砂褐陶、泥质红陶、灰陶、黑陶，以夹砂褐陶为主，次为泥质红陶。陶器多为素面，纹饰有弦纹、瓦棱纹、划纹、锥刺纹、篮纹、附加堆纹、镂孔和红色陶衣。镂孔主要施于圈足器的柄部，弦纹、瓦棱纹多见于鼎、罐和杯的肩腹部，篮纹仅见于粗砂陶缸之类的大型器腹上。红陶衣多见于粗砂厚胎陶器上。锥刺纹满布于鼎足表面。主要器形有鼎、豆、盆、钵、罐、瓮、缸、碗、杯、壶、器盖等，以鼎、豆、罐的数量最多。鼎有罐形、盆形和釜形三种，一部分罐形鼎的中腹有一周附加堆纹或上腹有数道弦纹，有的有盖。足多为扁铲形，足上端大多有一至三个捺窝，表面往往布满短条形锥刺纹。豆盘多为敛口或侈口的浅腹盘形，腹下部有一周垂棱，圈足施以圆形镂孔和弧线三角印纹构成的图案。豆的圈足有矮喇叭形、高喇叭形和粗矮形等，有一部分豆柄上部呈腰鼓形。壶为长颈圆腹平底。罐分平底瓦棱罐、侈口束颈扁腹罐、三足罐、敛口圈足瓦棱罐等。罐多为折肩折腹。碗、钵多为敛口平底。杯大多为侈口筒形，腹部有弦纹和瓦棱纹，杯底有平底、三宽扁足和花瓣足等。侈口三足杯与大汶口文化的三足觚形杯近似。

青墩遗址的中期墓葬以仰身直肢葬为主，有极少量的俯身葬和二次葬。大多数为单人葬，只有两座合葬墓。一座3人合葬墓（M53），系在长方形浅坑内按男左女右的方式并列埋葬一对成年男女，在女性的右上侧，有一具二次葬的男性骨架。一座4人合葬墓（M3），似为强制致死的乱葬坑。个别墓的人骨架，其上肢或下肢有明显的被砍断痕迹。随葬品已出现多寡悬殊的现象，多者达二三十件，寡者一无所有。

以上资料说明，青墩文化中期可能已进入父系制阶段。

3.晚期

晚期以青墩遗址的上文化层和晚期墓葬为代表。

石器有穿孔石斧、石锛、有段石锛和石凿等。穿孔石斧有单孔、有肩单孔、双孔、三孔等4种。有段石锛的段脊分明，属高级型的有段石锛。晚期的墓葬还随葬玉璧、玉琮、玉瑗和玉镯等重器。

陶器有夹砂褐陶、泥质灰陶和红陶。陶器的制作以手制为主，慢轮修整比较普遍，部分器物可能已采用轮制。纹饰与中期相比，变化不大。常见的器形有鼎、豆、壶、杯、钵、罐、三足盘、器盖和纺轮等。鼎有瓦棱纹腹的罐形鼎和圜底盆形鼎两种。鼎足有丁字形和宽扁形两种。丁字形足的侧面往往有竖条或斜条划纹，宽扁足的中间有一道竖棱，两侧加捺窝。豆大多数为矮圈足。钵有圈足和三足两种。壶以高颈圈足贯耳壶最富特征。罐的形制多样，主要有敛口短颈平底罐、圈足罐、三足罐等，多为折肩折腹或瓦棱腹。杯有小型筒状杯、圈足杯、带盖高圈足镂孔杯等，以带盖高圈足镂孔杯最具特征。

青墩的上文化层发现墓葬29座，其中单人葬28座，多人合葬墓1座。葬式大多为仰身直肢葬，屈肢葬较少，俯身葬只有一座。多人合葬墓（M43）为以一个侧身屈肢葬的人为主体，在其两侧有3具成人男女二次葬。随葬品多寡不一的现象较中期有所发展。个别墓中还随葬玉琮、玉璧、玉瑗等礼器。这些情况说明，当时在父系氏族公社内部财富私有和贫富分化更趋明显，氏族制度趋向瓦解。

后来在海安县隆政乡吉家墩遗址也发现和青墩遗址相类似的文化遗存。这说明青墩文化遗存具有一定的分布地域。青墩文化遗存分布于江淮之间，其文化除具有自身的特征外，还受到太湖流域崧泽文化和良渚文化的影响，同时又受到鲁南和苏北北部地区大汶口文化的影响，多文化的影响使该文化具有一定的过渡性。根据青墩文化遗存的这一特征，既不宜将其归属太湖流域的新石器文化系统，也不宜归属黄河下游的新石器文化系统，而应作为一种独具特征的新石器文化。

青墩文化的年代，现已测定的碳14年代数据共有5个。青墩遗址下层的木头标本测定的年代为距今5 035±80年（ZK–583），中层木炭测定的年代为距今5 015±85年（ZK–582）。另外3个数据为距今5 330±175年（WB78–7）、4 680±80年（WB78–8）、4 825±85年（WB78–9）。根据上述数据判断，青墩文化的年代为距今5 300年至4 600年，即延续700年左右。

青墩遗址中文化层和中期墓葬所出土的粗矮圈足豆、瓦棱纹罐、折肩折腹罐、平底或三弧形矮足的筒形杯等，在太湖流域的崧泽文化中都可找到相似的器形，说明青墩文化中期大约和崧泽时代相当。青墩遗址晚期文化遗存中的黑皮陶的贯耳壶及几种形制的豆，石器中的有肩扁平穿孔石斧、有段石锛，以及玉琮、玉璧、玉瑗、玉镯、玉坠等，都和良渚文化的同类器形相似，时代也大致相当。青墩的早期遗存中的罐形鼎、有柄鬶形器、钵形豆等，在南京北阴阳营的下层遗存中可找到相似器形。

二、薛家岗文化

1978年，在安徽潜山县河镇公社薛家岗遗址发现的新石器时代的文化遗存，是一种颇具特征的文化遗存。与薛家岗文化相似的遗存在宿松县程岭公社的黄鳝嘴遗址、望江县汪洋庙遗址，以及鄂东黄梅县龙感湖北岸的一处新石器遗址中都有发现。经调查属于薛家岗类型的遗址，其分布地域西到鄂皖交界的黄梅和宿松地区，东到巢湖地区，北到淝水，南达长江。长江以南还未发现同类遗址。

根据薛家岗遗址的地层叠压关系，可将薛家岗文化分为四期。第一期和第四期发现的遗物和遗迹很少，对其文化面貌还不清楚。第二期和第三期的文化遗存比较丰富，是该文化的主体，决定其文化性质。

1.文化特征

第一期文化的陶器以夹砂红陶为主，泥质陶较少。陶器的胎壁较厚，质地疏松，火候低，吸水性强。制法为泥条盘筑。器耳、鼻、足等部分是分别制好后粘接到器身上去的。一部分器物的内壁为黑色，外壁涂红衣。主要器形有鼎、釜、罐、甑等。釜有两种，一种形制为侈口束颈圜底，一种为圜底宽檐。

第二期文化的陶器以夹砂灰黑陶为主，夹砂红褐陶和泥质黑陶次之，有少量的黑皮陶。常见器形有鼎、豆、壶、罐、碗等，其中以罐形鼎（部分有盖），盆形鼎，釜形鼎，柄上部呈算珠状的盆形豆，三足带把罐、壶等最具特征性。第二期的石器有穿孔石铲、石锛、石凿和石球等。

第三期文化的陶器以夹砂灰黑陶为主，泥质陶比较少。陶器均手制，轮修比较普遍。器表多为素面，纹饰主要有刻画纹、戳刺纹、弦纹和镂孔等。器形主要有鼎、三足带把罐、甑、甗、豆、壶、盆、碗、器盖等，其中以罐形鼎、盆形鼎、釜形鼎、复合式甑、三足带把罐、敛口盘形豆、圈足壶等为代表性器物。此外，表面有花纹的陶球，也很具特色。

石器多通体精磨，刃部锋利。穿孔技术比较发达，穿孔方法有对钻和一面钻两种。器形有石铲、石钺、石刀、石锛、石凿、石镞等，其中以多孔石刀、条状有段石锛、扁平穿孔石铲等最具特征。多孔石刀，其穿孔有1孔至13孔，孔数皆为奇数。除在北阴阳营遗址中发现两件7个孔的石刀外，其他新石器文化中从未发现3个孔以上的石刀。

第四期文化的出土物很少，只有几件残破的夹砂陶鼎、鬶形器、泥质黑陶的高柄怀。

通过对薛家岗遗址四期文化遗存的分析，可知薛家岗文化有自身的文化特征，又有一定的分布地域，是江淮地区一种自成体系的新石器时代文化。

关于薛家岗文化的年代，已测定的碳14年代数据共有3个：公元前3 160±170年（WB80-45），公元前3 220±125年（WB80-46），公元前3 030±205年（WB80-47）。这3个数据是用薛家岗遗址第四层木炭测定的，均属薛家岗三期文化的年代。

2.薛家岗文化与周围诸文化的关系

薛家岗文化的分布地域位于长江下游北岸的西段，其东部邻近江南的宁镇地区和太湖流域，江北则邻近黄河下游，西部毗连江汉平原。薛家岗文化的这种地理分布，必然影响其文化内涵，从而使其受到周围诸文化的影响，即受到来自东部邻近地区的北阴阳营文化、马家浜文化、崧泽文化和良渚文化的影响，东北部受到大汶口文化和龙山文化的影响，西部受到大溪文化和屈家岭文化的影响。当然，薛家岗文化也影响其周围诸文化。

薛家岗文化中期的泥质黑陶盆形豆与长江中游大溪文化的同类器物相似，器表带花纹的陶球是大溪文化的典型器物之一，这种陶球在薛家岗文化中也有一定的数量。薛家岗文化的几种泥质灰陶壶则和长江中游的屈家岭文化早期的同类器物相似，薛家岗文化的高柄杯也和屈家岭文化晚期的高柄杯相似。薛家岗文化的瓦形足的盆形鼎、平底壶和太湖流域崧泽文化的同类器物相近。薛家岗文化中也有太湖流域良渚文化中常见的泥质灰陶壶。薛家岗文化的泥质黑陶三足带把罐和圈足觚形杯，都与大汶口文化的同类器物相近。薛家岗文化遗存与北阴阳营下层文化遗存也有许多相似之处。如石器，两者都有多孔石刀和有段石锛；

陶器，两者都有带盖釜形鼎、柄部有算珠状突棱的豆、平底壶和三足带把罐；器身上带鋬、耳、嘴等附加部分，也是两者的共同特征。

通过以上所分析的薛家岗文化与周围诸文化的共同因素，即能了解其相对年代。薛家岗文化的第一至第三期，大体相当于马家浜文化中、晚期，北阴阳营的下文化层，大汶口文化中、晚期，大溪文化中期；薛家岗文化第四期相当于良渚文化中期、屈家岭文化晚期和龙山文化时期。

（张之恒）

青墩文化在中国文明起源中的地位和作用

一、中国史前文化的四个文化带

史前时期，中国除青藏高原和新疆自治区以外的地域，大致可以分为4个文化带。

1.北方沙漠草原文化带

这里所指的北方沙漠草原文化带，是指阴山山脉至燕山山脉以北地带，在史前时期，该地区人们的经济生活是以狩猎经济为主，农业经济则不发达。在文化遗存方面，打制的细石器比较发达，磨制石器则不发达，制陶业也不发达。

2.黄河流域文化带

史前时期，黄河流域的气候（气温、雨量）、土壤，适宜旱作农业的发展，以粟类为主的旱作农业较为发达。由于农业经济发达，从而使磨制石器和制陶业都较发达。

3.长江流域文化带

长江流域属典型的亚热带气候，气温较高，雨量充沛，土壤肥沃，适宜栽培水稻，故新石器时代稻作农业较为发达。随着稻作农业的发展，适宜稻作农业的磨制石器比较发达，制陶业也较发达。

4.华南文化带

这里所指的华南地区是狭义的华南地区，即指武夷山至南岭以南地区，该地区主要属南亚热带，其最南部有一部分属北热带。该地区比长江流域气温高，雨量更多，湿热的气候使植物终年生长，可供人类采集的干果、鲜果、块根较多，内河以及河流入海口螺蚌等软体动物较多，可供人们采集。在新石器时代，这样的自然条件使采集经济较为发达。采集经济的发展使农业经济处于不发达的状态。史前时期适应采集经济的大型打制石器较发达，磨制石器处于不发达状态。由于农业经济不发达故制陶业也不发达。到新石器时代晚期，随着稻作农业的传入，华南地区的农业经济才逐步发展起来，磨制石器和制陶业才得到发展。

生态环境决定人类的经济生活（生产活动）和生活习俗，经济生活又决定文化遗存。上述4个不同的经济文化带是由上述4个不同地区的生态环境（气温、雨量、土壤、植被等）所决定的。北方沙漠草原地区的生态环境无法发展农业，只宜发展狩猎经济。适应狩猎经济的各种打制的细石器得以发展。制陶业是适应农业经济的发展而发展起来的，北方沙漠草原地区农业经济的不发达，使制陶业处于不发达的状态。华南地区在新石器时代，由于生态环境所导致的采集经济的发达，使制陶业不发达。磨制石器大多数为农业生产工具，华南地区和北方沙漠草原地区，由于农业经济不发达，故磨制石器也得不到发展。

生态环境不但决定人类经济活动的内容和性质，而且决定史前文化和社会发展的速度；在诸多经济生活中，只有农业经济的发展，才能较快地促进文化发展和社会发展。

二、汉水上游至淮河下游一线是黄河流域文化带与长江流域文化带的过渡地区

这一过渡地区的史前文化既含有长江流域新石器文化因素，又含有黄河流域新石器文化因素，同时具有自身的文化特征，自身的文化特征决定其文化的性质。

1.汉水流域新石器文化特征

汉水中游地区经大规模考古发掘并已发表考古发掘报告的遗址主要有湖北西北部的郧县大寺和青龙泉，均县的朱家台和乱石滩。

汉水流域的这些遗址，考古工作者一般将它们分为三大期，第一期相当于仰韶文化期，第二期为屈家岭文化期，第三期相当于龙山文化期。

第一期文化遗存中含有黄河流域仰韶文化的半坡类型和庙底沟类型两类文化遗存，表明这一期文化遗存还可分为含半坡文化因素期和含庙底沟文化因素期。如果详细剖析这先后两期文化遗存，可以看出这两期文化遗存都与黄河流域的半坡类型有所不同。例如，文化遗物中的陶器，陕、豫地区的陶炊器都很少，半坡类型无鼎，庙底沟类型只有少量的釜形鼎，而在汉水中游地区的第一期文化中，陶鼎则是常见的炊器。陶制水器中的尖底瓶在豫西、晋南及陕西的关中东部都是常见的器形，而在汉水流域则不见这种器形。在文化遗迹方面，黄河流域的仰韶文化早、中期的房屋遗存常见半地穴式建筑，而在汉水流域未发现这类房屋。

第二期文化遗存基本上具有长江流域屈家岭文化的特征，和黄河中游的与其时代相当的庙底沟二期文化有本质的区别。

第三期文化遗存一般将其归入龙山文化，但汉水流域的这一期文化遗存，除含有一些黄河中游的龙山文化因素外，又与龙山文化有许多不同。例如陶炊器，黄河流域龙山文化中常见的鬲，在该地区第三期文化遗存中则不见。而汉水流域这期文化中发现的少量彩陶和陶鸟等，则在陕、豫龙山文化中不见。

通过以上分析，可知汉水中游地区的新石器文化既含有豫、陕地区新石器文化因素，又含有长江流域新石器文化因素，但就总体文化面貌来看，又与黄河流域及长江流域同时期文化有所不同，表现出自身的文化特征。

2.江淮东部地区的新石器文化特征

江淮东部地区的新石器时代遗址经过大规模考古发掘

的有江苏高邮龙虬庄和海安青墩。龙虬庄遗址的地理位置偏西北，青墩遗址偏东南，两遗址相距80多公里。龙虬庄遗址第一期文化的年代为距今6 500年至6 000年，青墩遗址下文化层的年代为距今6 000年至5 500年。龙虬庄遗址开始形成的年代大约早于青墩遗址开始年代500年左右。这与江淮东部地区的海岸线由西向东推进是一致的。据研究，苏北中部有四条大致南北走向的贝壳砂堤，其中一条砂堤北起阜宁西部的羊寨，南至东台的西岗，开始形成的年代为距今6 500年（碳14年代为距今6 539年）左右，是全新世年代最老的贝壳砂堤。贝壳砂堤的形成表明海岸线相对稳定，为人类在砂堤以西地区活动创造了条件。龙虬庄遗址开始形成的年代（人类活动开始的年代）与西岗贝壳砂堤形成的年代大致相当。

龙虬庄遗址的晚期文化遗存与青墩文化的晚期遗存区别较大，显然不属同一文化系统。龙虬庄遗址下文化层的年代早于青墩文化下文化层年代，两者的文化面貌不宜进行比较。龙虬庄遗址中文化层（二期文化）与青墩下文化层的文化遗存比较，两者既有联系，又有区别。从两个遗址的总体文化面貌来观察，两者可能不属同一文化系统。

三、青墩文化的文化特征及其在中国文明起源中的地位和作用

以江苏海安县青墩遗址为特征文化遗址，其中经考古发掘的除青墩遗址外，还有海安县吉家墩（位于青墩遗址东南10公里）。青墩遗址1973年发现，1977年江苏南通博物苑在该遗址作过一次试掘，发掘面积25平方米；1978年南京博物院进行第一次发掘，发掘面积为150平方米；1979年进行第二次发掘，南京大学的2位教师和10位学生参加了发掘，发掘面积为340平方米。综合试掘和两次正式发掘，考古发掘的总面积为515平方米。

1.青墩文化的文化特征

根据青墩遗址的考古发掘资料，青墩文化遗存大致可以分为三期，这三期文化具有许多颇富特征的文化遗迹和遗物。

青墩文化的分布地域在江淮东部偏南部，隔长江与宁镇地区及太湖流域北部相邻，其早期含有一些南京北阴阳营遗址下文化层的文化因素，中期文化中含有太湖流域崧泽文化因素，晚期文化遗存中含有太湖流域良渚文化因素，这是长江下游江南地区新石器文化向南传播的结果。但青墩文化早、中、晚期文化遗存缺乏北阴阳营下层文化、崧泽文化和良渚文化的一些典型文化遗存。例如，北阴阳营遗址下文化层和墓葬中常见的有段石锛，在青墩文化早期遗存中则不见，北阴阳营下层文化墓葬，常见各种石器随葬，而青墩文化早期墓葬少见石器随葬。北阴阳营下层文化的葬俗也与青墩下层葬俗不同。青墩上层文化也缺乏太湖流域良渚文化的一些典型文化遗存，如良渚文化中较多的泥质黑皮陶、竹节纹高柄豆、贯耳罐、带流带盖宽把杯、鱼鳍足鼎等，在青墩文化晚期陶器中都不见。青墩文化中期遗存中虽含有太湖流域崧泽文化的一些文化因素，但缺乏崧泽文化中常见的圆腹罐形鼎、折肩折腹罐、高颈壶、花瓣足杯等；两者的葬俗也不同，青墩中层墓葬一般都有东西向的墓坑，崧泽文化基本不见墓坑；青墩文化的墓葬头向东，而崧泽文化的墓葬头向则为南北方向。

青墩文化分布于江淮东部地区，因此它受到黄河下游鲁南地区大汶口文化与龙山文化的影响。青墩文化早、中期的钵形鼎、高颈罐形鼎、高圈足杯等，都与鲁南地区大汶口文化刘林期的同类器物相似；葬俗葬制也大致相似，墓坑为东西向、头向东。龙山文化早期陶器中带盖高柄杯，在青墩文化晚期陶器中也常发现。但从整体文化面貌来看，青墩文化与鲁南地区的大汶口文化及龙山文化有着本质的区别。大汶口文化中的高足钵形鼎、高圈足镂孔豆、实足、三足觚形杯、背壶、圈足长柄带突棱的觚形杯等器形，在青墩文化早、中期陶器中都未见到。龙山文化中的袋足、泥质黑陶的高柄杯、鸟首形足（俗称“鬼脸足”）的鼎等典型器形，在青墩文化晚期遗存中也都未见。

从以上分析可知，青墩文化受到太湖流域的崧泽文化和良渚文化、宁镇地区的北阴阳营下层文化的影响，其文化遗存中都含有这些文化的文化因素，但就整体文化面貌来看，却与这些文化都有着本质的区别，不应将青墩文化归属这些文化系统。青墩文化遗存中也包含北方鲁南地区大汶口文化和龙山文化因素，但青墩文化与大汶口文化、龙山文化，也有根本性的区别，也不能将其归属这些文化系统。这表明，青墩文化既不能归属太湖流域和宁镇地区的新石器文化系统，也不能归属黄河下游的新石器文化系统。青墩文化有着自身的文化特征，自身的文化特征决定其文化性质，只能根据青墩文化自身的文化特征决定其文化性质，青墩文化具有一群颇富特征的文化遗物和遗迹，又具有一定的分布地域，已符合考古学文化的有关标准，可单独作为一种考古学文化，即青墩文化。

从现已发表的考古资料来分析，淮河中下游的江淮地区的新石器时代文化都具有自身的文化特征，既不能归属长江流域的文化系统，也不能归属黄河流域的文化系统。由此可见江淮东部地区新石器文化面貌。江淮西部地区安徽潜山薛家岗、含山凌家滩、定远侯家寨、肥西古埂等，都有各自的文化特征，大多数都已单独命名为一种考古学文化。

2.青墩文化在中国文明起源中的地位和作用

中国古代文明的形成并不是某一地域的史前文化发展的结果。中国的史学界和考古学界普遍认为，中国古文明的形成是“多元一体”的，它是黄河流域、长江流域、北方草原地区和华南地区的史前文化互相交流、互相渗透和互相融合的结果。黄河流域、长江流域、北方草原地区和华南地区，在中国文明起源和形成中都发挥着其应有的作用。地处淮河和长江之间的江淮地区是中国东部沿海的重要地区，其新石器文化中孕育着许多文明因素，是中国文明起源的重要地区。青墩文化是江淮东部地区一支重要的新石器文化，在中国文明起源和形成中起着其他新石器文化所不能取代的作用。

（张之恒）

天目山遗址对青墩文化的传承

江淮东部的青墩遗址的重大考古价值已被越来越多的人所认识。但不少人感叹，青墩古人在五六千年前创造了那样璀璨辉煌的远古文明，后来却似乎突然在一夜之间消失了，几乎成了“一片空白”。尤其是中华文明史上非常重要的商周、两汉时期，青墩遗址在现有的考古发掘中一无所获，于是有人认为青墩文化有传承的断代……可如果我们把考古探索的目光稍微移动一下，就会在青墩遗址西侧不到20公里的地方看到一处江淮东部弥足珍贵的古遗址，那就是姜堰天目山商周遗址。仔细研究天目山遗址的地理环境和文化面貌，人们有理由相信，这座遗址在青墩文化的传承发展中具有不容忽视的特殊地位。

一、天目山遗址概况及其文化面貌

天目山商周遗址位于姜堰镇北姜溱河南端的天目山。说是山，海拔高度只有4.4米；但该遗址和青墩遗址一样也是四面环水，且遗址周围环境非常好。天目山遗址文化层堆积厚约1米，总面积达3.4万平方米。

1975年和1983年，考古专家先后在遗址东北角等处进行考古发掘，除发现商周遗物外，还出土大量汉代文物，有汉代绳文墓砖和汉代陶壶、铜镜、五铢、大泉五十等文物。此外，在汉文化层叠压的下边，还发现有许多几何纹陶器残片、玉器残片、龙背铜削、铜箭全镞、灰陶豆等物。在此文化层上，还发现先民食用后残余的麋鹿骨、角和家猪牙齿的化石。

据南京博物院的考古专家介绍，天目山遗址周围还有用夯土垒成的城墙，土城面积达2万平方米。因此，天目山遗址是江淮东部最古老也是唯一的商周时代的古城遗址。

令人瞩目的是，在天目山遗址西边不到2公里的地方，还发现一处位于姜堰乡横埭村的单塘河新石器遗址。1980年、1983年，在两个不同地表下2~3米处，发现草木灰坑和低温陶器片。1984年，出土有柄石刀、石箭镞、骨箭镞、骨针和夹砂陶鬲、低温黑陶残片等物。但遗址存留面积不大，只有20平方米范围，文化层厚约1米。经测定，单塘河遗址距今5 000年左右。

这两处遗址就历史时期而言，一前一后，且距离很近，应该有一种传承关系。但单塘河遗址面积小，出土文物不多，终究显得单薄，其居住的远古部落人群，不足以对天目山遗址形成如此庞大的文化传承。而最具条件最有可能性的应该是因海侵或其他原因西迁的创造了璀璨文明的青墩古人……

青墩距天目山遗址只有18公里，远古人类因采集、狩猎的生存需要，活动范围极大，且青墩古人面对大海的侵袭，在海进人退的情况下，天目山是其西迁避让的最佳环境……

二、江淮东部地区成陆的多样性

《泰县志》记载：

> 江海公路以北地区六千年前是一片浅海，由于陆地沉积加强，长江不断向海口输出泥沙，经海流、波浪不断作用，至周朝末期（公元前300年前后），在今阜宁县境内长出长约160里的沙岗，今扬州至如皋一线形成长江北岸古沙嘴，逐渐在现东台市境内合拢，形成浅水洼地。唐代，古淮河口伸至今涟水、阜

宁的油湾之间，洼地的北缘被填高，里下河地区成为与海隔绝的泻湖。后继续沉积，淤填成陆。

这段记载，对里下河成陆的描述，应该说是比较准确的。它把江淮东部，特别是江海公路（江都—海安）以北的泻湖地质的形成过程表述出来了。但我们不能据此认为江海公路以北的所有地质都是泻湖地质，都是迟至周代以后才形成可供人类居住活动的地方。因为江淮东部的许多新石器时代遗址，如海安青墩、姜堰单塘河、高邮龙虬庄等遗址的考古发现表明，早在五六千年前这些地方就已成陆了。这说明，除了"古沙嘴"以外，"浅水洼地"里也有冒出水面的高地，且有人类居住，这才有可能形成我们今天看到的许多新石器时代遗址。

江海公路以南则为长江三角洲平原区的北缘部分。六七千年前是浅海，在长江的流泻冲积下形成条状河口坝，后淤填连结演变为高沙土平原区，属海相沉积平原。由于长江河道流泻存在的不稳定性，这高沙土平原区的北缘应该存在不规整性，即不完全以江海公路的东西走向为泻湖地质与高沙土地质的分界线。比如姜堰的天目山，海安的沙岗，在远古时代既有可能是泻湖中的高地，也有可能是高沙土北缘延伸的产物，即"古沙嘴"的一部分。

正是这种多样性的地质形成，让远古人类有可能在长江、淮河与大海的交汇处择高地生息繁衍。这里"东临黄海，南近长江，北靠淮河，三水汇聚[1]，十分壮观；地多沼泽，形似釜底，江淮水盛处地多肥沃……芦苇、灌木丛生，野生稻粟随处可见；又见麋鹿成群，仙鹤遍舞，鱼虾遍泽……"于是，土著淮夷与迁移过来的部落在这儿渔猎、采

[1] 姜堰镇的古地名叫三水镇，即以江、淮、海三水交汇而得名。

集，饲养、种植，进而创造了璀璨的远古文明。

三、青墩文化对相邻地域的辐射与迁移

南京大学历史系教授、博士生导师张之恒先生参加过青墩遗址的考古发掘，他在《中国新石器时代考古》专著中曾对青墩文化进行深入细致的分析研究。他认为，“青墩文化遗存分布于江淮之间，其文化除具有自身的特征外，还受到太湖流域的崧泽文化和良渚文化的影响，同时又受到鲁南和苏北北部地区大汶口文化的影响，多文化影响使该文化具有一定的过渡性。根据青墩文化遗存的这一特征，既不宜将其归属太湖流域的新石器文化系统，也不宜归属黄河下游的新石器文化系统，而应作为一种独具特征的新石器文化”。

对这种“独具特征的新石器文化”，他在对江淮东部诸多新石器遗址的文化分类时曾作过比较。他认为江淮东部的北部，比如兴化南荡、高邮周邶墩、龙虬庄等，应以龙虬庄文化为代表；江淮东部的南部，如海安青墩、吉家墩则应以青墩文化为代表。并明确指出：“有的研究者将青墩和吉家墩新石器文化遗存归属于龙虬庄文化，从现已发表的资料来看，龙虬庄文化遗存与青墩文化遗存，在文化面貌上区别较为明显，可分为两个文化类型。”

张之恒先生对江苏史前考古与发现的研究有很深的造诣，特别是对新石器文化的研究具有很高的权威性。尽管对江淮东部远古文化的分类存在分歧，但他对江淮东部原始文化分为南、北两块的见解是能够被大多数学者所认同的。依据张之恒先生的分类，姜堰单塘河遗址也可以归属到青墩文化序列，因为单塘河的地理位置距青墩遗址仅20公里，其文化面貌与青墩遗址也极相似（出土陶器中均有夹砂陶就是例证）。就远古时代的部落人群来说，这东西向的这么一点距离实在只是部落迁徙多走几步路而已。而青墩文化对其相邻地域的文化辐射也完全可以覆盖。因此，我们有理由相信，泰州以东到海安的这片地域，远古时代的部落人群是相近相通的。

撇开相近相通或青墩文明的辐射，青墩文化在全新世海侵时的迁移也极有可能在姜堰单塘河、天目山停留。天目山的地理高程比青墩遗址高得多。青墩遗址考古发掘时海拔仅3米左右，而天目山遗址发掘时海拔4.4米，古地方志则记载天目山过去“高二丈三尺”。在广阔坦荡的江淮东部，这一高出“釜底”的“土阜”自然最引人注目。因此，只要江淮东部的古人存在像南京博物院张敏所长所说的“有一支在全新世海侵最高海面发生之后向淮河上游迁徙”的可能，那么青墩古人就有可能在西迁过程中在天目山停下脚步，进而与当地人一起创造天目山的商周、两汉文明……

四、天目山遗址印证古海陵的一体性

我国古代的商周时期距今3 700年至2 256年。这一时期江淮东部的历史遗存或有文字记载的史料很少。

天目山商周遗址的发现，不仅填补了江淮东部地区这一历史时期的空白，而且为我们留存下一座令今人无比惊异的古城遗址。国务院2006年公布的第六批全国重点文物保护单位名单中天目山商周遗址榜上有名，更体现了这一遗址在江淮东部的唯一性与珍贵性。

人所共知，上古海陵由今泰州以东姜堰、曲塘、海安直至北凌一带的古海岸沙岗及其北边的滨海平原构成，是扬泰岗地的延续。“在三四千年前的一次海侵中，还曾形成一个南有大海、北有泻湖的海滨沙岛——长泽洲，其岛上最高处海拔7~8米，故有海陵之称。在长泽洲形成以前和接涨大陆之后均有人类居住。”这是南通博物苑徐治亚先生依据众多考古发现、积几十年之研究得出的结论。海安青墩、吉家墩、长垎头与东台开庄、姜堰单塘河等遗址的考古发现证实了徐治亚先生的认识是正确的。这说明，在上古时代，这片广阔的地域（即古海陵）自西向东紧密联系在一起。

徐治亚先生在分析研究古海陵及其众多遗址的文化面貌后还发现，“以海安青墩遗址为中心，以东多为新石器时代遗址，以西偏北多为新石器时代末期和商周时期的遗址”。据此情况，他判断：“上古海陵人类活动中心，在今海安境内，其后逐渐向西北方向发展……”

这“逐渐向西北方向发展”，恰好说明了青墩古人在海侵后向西部迁移，进而在天目山或其他地方留下了商周与两汉时期的文明……

由于历史的原因，江淮东部很少有关于上古时代的文字记载，我们不可能对那时发生的事情说得很确切；但汉代以后，特别是宋、元、明、清时期，泰州以东的海陵在很长时期内都是一体的，就是说今天的姜堰、海安在历史上长期隶属在一起，这同样可以印证上古时代的古海陵是一体的，因为那时的海陵地域范围比后来的海陵要小得多——这就客观上为我们佐证了天目山遗址在传承青墩文化中的特殊地位。

五、天目山文化遗物对青墩文明的补充

天目山遗址未进行大规模的考古发掘，且由于是古城遗址，地下一般不会有墓葬，因此出土文物不多。但从姜堰市博物馆陈列的实物和资料看，天目山遗址连同单塘河遗址一共先后出土文物121件。

在两个遗址的出土文物中，袋足陶鬲的外形与青墩遗址出土的红陶鬶有异曲同工之妙。但从陶鬲的造型与质地看，则显然比青墩出土的红陶鬶粗糙。有学者认为，青墩的红陶鬶受大汶口文化的影响比较大，甚至有人认为陶鬶是从外地流进的。可只要认真研究天目山、单塘河出土的陶鬲，我们就有底气相信，青墩的红陶鬶定是青墩古人或相邻地域的古人精心烧制的。因为这两种袋足的陶器绝不是简单地相似，而是确实存在某种契合的传承联系。

熟悉青墩遗址的人都知道，青墩出土了大量陶器，且造型各种各样。别的不说，单是陶器的纹饰就让人眼花缭乱，诸如弦纹、篮纹、瓦棱纹、刻印纹、锥刺纹，还有椭圆形捺窝和附加堆纹等，不一而足。不管是谁，只要见了青墩遗址那么多陶器和良好的加工水平，总会想到青墩应该有生产陶器的作坊，还应该有加工陶器的工具……可青墩遗址发掘面积有限，更多的遗址面积被当地居民的住宅压着。而单塘河、天目山遗址的发掘恰好弥补了这一点，在出土文物中有件专制陶器的陶拍，其外形极似“草匠”盖屋的草拍。这陶拍正面有把儿，底部有预设的纹槽，既可以用来和泥，也可以在陶器湿坯上拍出花纹，实在令人惊叹。可以肯定，只有陶器加工场具备相当的规模才能出现这样的陶拍；而产生这种陶拍的作坊，其加工的陶器必定数量众多，除了制作者或本部落自用外，更多的应该是用来交换……

青墩遗址与天目山遗址的近距离，四面环水的居住风格，出土文物的相似性、互补性，证明两地远古时代的部落人群在生产生活上存在共通共融的地方——即使同一部落东西迁移居住都有可能，因此天目山遗址在印证和传承青墩文明上具有非常重要的特殊地位。

（王其银）

青墩遗址的文化——美学史意义

青墩遗址所透现出来的重大考古价值是十分显著的。从发掘出来的物器、物件来看，其丰富蕴藏令人惊叹，其文化——美学涵量则至为宏深。它可以独立命名为“青墩文化”。

青墩遗址有着中国文化中至今仍为独一无二的出土文物——有柄穿孔陶斧。据纪仲庆先生执笔的《江苏海安青墩遗址》考古报告：“出土有柄穿孔陶斧一件，是按照实物仿制的，只是体形较小，泥质红陶制成，分柄和穿孔斧两部分，柄为椭圆形棒状，前粗后细，前端翘起，有浅槽可嵌入穿孔斧。槽后有三孔，可穿绳缚住穿孔斧使其固定在槽内。柄后端作半月形，并有三角形穿孔。这件有柄陶斧虽非实用工具，但为当时穿孔石斧的装柄方法提供了实物证据。”陶斧是仿制原形，也就是说仿制对象是石斧，陶、石并存，陶成为石的表征。青墩遗址中发掘有穿孔石斧，扁平长方形，偏上部钻一圆孔。从石斧与陶斧的联结性比照中，可以看出两者的相同之处。石斧磨制光平滑利，具有工艺品的磨制水平。现在，有一个问题，海安青墩广袤范围内无山，无山则无石，其所制石斧的石料从何而来？而且石料有黄褐色和青黑色两大类，这是有待解惑之谜。此暂不论，下面要说的是有些石斧其色泽感、光滑感、造型特征令人猝然见之，疑为玉器制品。这就反映青墩文化时代，先民们不仅把石器看做生产工具，而且是按照他们的文化——审美观念，作为工艺品来看待和打制的。今天人们在观照青墩石斧时就含有审美意味了。从实用品向工艺品进化，青墩文化处于这个转折时期，其历史的地位便显而易见了。顺带提及，青墩遗址还出土有段石锛，被考古专家们认定为高级形态，成为中国东南区域新石器文化的特征之一。就石器而言，青墩文化已推进到高级阶段。

有柄陶斧解释了人们在此前从未获得释疑的一些具有根本性质的问题，诸如石斧的装置、使用方法以及用长柄以形成力的有效使用等。石斧的基本使用、结构原理为以后漫长历史发展过程中的金属生产工具和冷兵器时代的战斧提供了原初性的基础。有柄陶斧具有中国生产工具发展史上极为重要的历史意义。

在此以前和以后也出土了大量的石斧，揭示了石器时代的时代内涵，但只有斧头而无斧柄，以此来解说石器时代尚不够完全。有柄陶斧的出土则使所有疑团雾释冰消，第一次提供了完全性的答案。

还值得研究的是仿制品。“仿”使其进入文化——审美层面。陶斧属于陶仿石。模仿，体现了新石器时代进入晚期，一种器质、器品对另一种器质、器品模拟的历史性文化进化。模仿的目的是用于墓葬。不是实物而是仿制品，也就标示着墓葬文化的发展。“仿”就包含着对原件的逼真性要求，为解读原件的“文本”提供了坚实的基础。然而，“仿”又包含着一定的模拟弹性系数。这柄陶斧体形较小，收缩了原物，显然是用于墓葬文化的需要，这便进入了文化范畴。对原物加以缩小，但对比例恰当、比例缩小的把握需要有很高的科学水平，甚至是视觉水平，而视觉感受则是文化——审美感受的重要体现。作为仿制品的陶斧，表征着陶器动态的文化理解，获取了独立的文化——审美价值。

作为被仿对象的原创动态石斧，也需要加以文化——审美解读。斧具共五孔，四个为圆形或近圆形，一个为三角形。它有着先民对图形的原始体认和理解。于是成为远古陶器图饰中的两大基本图形，在新石器时代的器物图形中也得到印证。三角形体现了稳定和牢实，这为现代几何学所印证。至于圆形，更具有文化哲学意蕴。威尔赖特说："在伟大的原型里象征中最富于哲学意义的也许就是圆圈及其最常见的意指性具象——轮子。从最初有记载的时代起，圆圈就被普遍认为是最完美的形象，这一方面是由于其简单的形式完整性，另一方面也由于赫拉克利特的金言所道出的原因：'在圆圈中开端和结尾是同一的。'当圆圈具象化为轮子时，便又获得了两种附加性的特性：轮子有辐条，它还会转动。"[1]在中国，圆被赋予了更广泛的文化意义和更深刻的蕴涵。斧柄的工艺审美水平在当时是极高的。它绝非是粗糙地安装一个柄子，而是显然有着审美思考。它不是一种随便的取材，而是经过了加工，取棒形，且又前粗后细。后部手握的部位又稍细一些。特别是前端微微向上翘起，尾端作半月形，绝妙的设计遂使它进入技术美学的层面。柄端偏偏不用圆形穿孔，而用三角形，出现三角形和圆形的对称呼应之势，有很深的审美考虑。它所代表的绝不是那个时代审美的一般水平，而是最高水平。

就陶器而言，基本是素色，亦即原色，但也有涂红色，形成彩绘的。器类齐备，器形多样，有鼎、钵、杯、盆、瓶、壶、豆等，具备了新石器时代所有的陶皿器形。而所有器形浑圆一体，夹砂陶中掺杂有蚌壳粉末，体现了它产生于水乡的地域特点。青墩陶器造型稳重而优美，线条简练但有机趣。带盖陶罐：形似鼎，出现组合性结构，中肥硕，具实用功能，而罐盖与罐之间在图形上构合为一个整体；中圆上凸，形成突出感和上升感。整个造型既很稳定，又富流变；既有

[1] 叶舒宪.神话——原型批评.西安:陕西师范大学出版社，1987.

实用性，又有审美感。陶钵口敞，三足底，造型舒展而开阔，体现了大胆而泼辣的制作工艺水平。敞口鼓腹陶罐：罐体的主干腹部向四周鼓出，形成扁圆形状，显得饱满而又凝重。对青墩遗址所出土的陶需要加以审美解读。器皿作红陶：造型下有三足，叉开分布，形成大的摆布，从而形成大的稳定构建；整个陶形图加以抽象化，便出现嘴与足拉线型的形状，极富运动感；把稍大，但也恰与上翘的嘴形成平衡性，造型于稳定中体现出流变。陶形的多样化说明了陶器在实用之外已有了审美的因子。陶器的底座形体也各有不同，有圆形、三脚（三脚又有分类），还有五脚的。五脚的造型极美，显然经过了审美加工。其实用功能逐步退位，形式感渐次显著，留给人们以形式感的惊叹，并为青铜器的出现作了器形的前导，为整个造型艺术提供了高度形式美的范式。

就造型的形象而言，它已摆脱了模仿，走向审美的想象性创造，例如三脚甚至五脚陶器，现实世界中完全没有此类模拟的对象，青墩先民已在按照美的观念进行艺术创造。

青墩遗址中的陶器纹饰，有一件陶杯尤为引人注目。它便是前面所提到的五脚陶杯。上下两端均有纹饰图案，以两条圆周性凹线相配置，具有对称性的形式美感。每幅图案用浅凹线隔开，相对独立，每幅图案大致相同，略有差异。可以看出，不是用现成模子印上去的，因此，它不属于确定的印纹图案，显然是在制作陶胎时用手工刻画的。图案的最大审美价值是线条的流变性质。在新石器时代很难寻找到类似的图案，特别是线条。新石器时代其他地域的陶器，在图饰的图案上有许多惊人成就。例如，1978年河南临汝阎村出土的仰韶文化的彩陶缸上的鹳鱼图。又如，青海大通出土的舞蹈纹陶器皿，体现了彩陶文化图饰的形象性和具象化特征；其图案是写实的，它的审美成就在其形象感和所蕴含的文化象征意义上，而非线条自身。而青墩遗址这一陶杯纹饰的审美价值恰恰是其线条感。线条之简洁可以说是达到无法再省俭的地步，然而，它有直线又有波线，形成彼此间的对比。波线的审美成就极高，流利、变幻、曲折，虽然只有几根线条，但是，运用极为顺畅、流滑、熟练、洒脱，似乎是图画，又分明是音乐，这在新石器时代陶器艺术中十分罕见又十分突出。它在审美上的意义又在于线条的高度净化、高度提炼、高度抽象，代表了那个时代的先锋水平。它那曲直相衬的运动形式、空灵而具实的空间构造，创造了线的姿态、线的艺术、线的美，终于经过积淀，而形成后来中国的线的净化形式—— 书法艺术。在这一点上，它的文化和美学史原初性意义十分显著。

陶器的各异造型，精致精细，告别了粗糙，以几何形为主，卷唇收腹，部分陶罐作圆底，釜形鼎腹径居于下部，有波形弦纹或瓦片形圈足。其纹饰自然、自由化、流丽、流畅、流动，既是对自然形态现象的模拟，又有着史前青墩人对于生活对象的感受，形成了对抽象装饰形式的审美意识。

特别要提到的是波纹线性装饰。波纹线是青墩先民所提炼和感受到的最熟悉和最生动的形象符号，形成了曲折的动感、美的形式感和鲜明的节奏韵律。折线形成审美节奏感。在圆形陶器皿上折线、波线的装饰呈现出与圆状陶器的器形的对比，极富美感。

陶豆的构合图饰是圆和两个对角的等角三角形组合配置，构成了反菱形，间隔使用，距离相当，显然经过了缜密擘画和艺术构思。如前所述，圆纹和三角纹是新石器时代陶器的基本纹饰，甘肃马家窑遗址中不少彩陶就绘有三角形，但那是纹饰，青墩遗址中则是镂空。有一陶豆也仍然是三角形和圆形交替配置，但三角形则改变了，只有一个，而且对三角作了变形化处理。又一陶豆则是钉子形和细针形交替排列，在简洁的线条和组合中显示出美；而另一陶豆针形线略粗，钉子形倒置过来。由此可以看出，青墩陶器的几何纹是变化多端、不拘一格的。

透过青墩遗址陶器形制和纹饰富于变化的特点，可以看出古代青墩先民的思维和精神。他们利用陶器的形制和纹饰表述着对世界的体认和理解。他们以原始艺术显示出了丰富的文化——美学创造精神：敢为天下先的原始创造、活跃的思维、闪动的灵感。

青墩遗址出土有陶纺轮，用陶器表征了当时简单性纺织加工的情形和水平，从而表征了华夏纺织文化的初步形成，这可是起于青萍之末的信息。然而，陶纺轮八角形的纹饰和符识亦非偶见，跟上海崧泽陶壶底、吴县澄湖黑陶罐、昆山绰墩陶纺轮有惊人的一致之处，跟安徽含山玉鸟纹饰、符识亦有一致之处。文博专家梁白泉先生在《陶纺轮·八角纹·滕花和花勝》中高度称赏道："这些陶纺轮，不过是一些小小的、大不过盈寸的、用泥巴烧制成的东西。从它们的八角形刻纹开始，从这种类似图画、文字的符号里，却向我们后人透露出了至关重要的历史的、科学的、文明的乃至美学的信息。这些信息对于我们来说，无疑是一件石破天惊、振聋发聩的大事。"对这一八角形的文化含义有多种文化的解读，诸如太阳崇拜、河图洛书、夏姓族徽，等等。还有人认为是鱼的表征，其形象征鱼头或鱼尾。远古的图形和符识隐藏着先民的文化、美学密码，人们完全可以从中作自身的解读和阐释。我则认为它是纺轮旋转形态的表征。在人们的视觉感受中纺轮旋转时的形状就像是八角形，而反转过来，因为是八角形，旋转起来就形成一个圆。圆心则是旋转轴心，围绕轴心旋转的八角就出现外围的圆形。圆无起点亦无端点，表征着纺织旋转的形态。它是根据视觉感受所作的图形表征和符识抽象，这是其文化意义。就审美意义而言，表征和抽象是原始艺术最基本也是最重要的形式和方式。表征便有对象，体现了艺术的真实经验性品格；抽象便是提炼和超越，用图形和符识来体现，因而它是审美化的。就审美形式而言，形成圆形和三角形的组合与配置。圆形和三角形是图形对立的两极形态和形式，八角形则以直线和曲线构置而成。它包纳了一个圆形，却又被外围的一个圆形所包纳。内圆心与外圆形形成了相类结构的对应，形成小圆向大圆的扩散或大圆向小圆的包围。两圆呼应，而三角形则与之出现对立和对比，二者之间出现了对立的和谐与稳定。这是极富于审美张力和平衡力的图形，奠定了原始的审美原理。由此，图形变成符号，出现积淀。现今所独有的南通地区带有大小不等的几十甚至上百种葫芦哨的硕大型风筝就往往取的是此类八角形。这正是其原始积淀的体现。

玉，体现了文化和美学的双重性质和格调。玉是良渚文化最重要的标志。考古新发现和新研究在学术界形成了这样的认识："中国在石器和青铜器、铁器之间还存在着一个玉器时代。""这是中华文明起源的重要标志"，从而使"文明的演变在东亚有独特方式"。"玉器时代是中华文明起源时期的主要特征之一，玉的神化和灵物概念是玉器时代意识形态的核心，中华民族形成爱玉的民族心理亦根植于此。玉作为非实用性的专用玉质礼仪制品，标志着以等级为核心的礼制的开始，象征着持有者的特殊权力和身份，它脱胎于不成文的习惯法，这正说明了玉器时代是中国文明的起源时代。而被神化了的玉一开始将人世间的统治权力笼罩在神秘的套袍里，相信神的力量，信奉超越本身，超越现实可能的精神力量，在文明起源时代就在民族的心理、民族意识上印下了胎记。"[1]玉器最早出现于七八千年之前，而玉器时

[1] 中国在石器和青铜器时代之间曾有一个玉器时代.光明日报，1990-7-4.

代则距今5 000年至3 500年。玉的分布范围北起燕山，西及陕西和长江上游地区，东到泰山周围的大汶口文化，南到广东，形成新月形玉器文化圈，这一文化圈恰恰是以后以仁爱、中庸为核心的儒家哲学盛行的地区。《诗经·卫风·淇奥》：“如切如磋，如琢如磨。”描述的是对玉的精加工。《诗经·秦风·渭阳》：“我送舅氏，悠悠我思。何以赠之，琼瑰玉珮。”玉是美好，亦是圆润晶莹的象征物。一旦这种象征体具备了美好的性质，它就可能脱离原初的实用功能，被赋予文化精神涵质。先秦有以玉比德说，“玉洁冰清”成为人格范畴的概念。青墩玉器的文化涵量多、审美水平高，它涉及玉的多种门类如琮、璧、璜等，又涉及玉的礼教功能和装饰功能。既有文化因子，又有美学因子。玉品表征了等级序别，体现了社会的文明进步水平和意识。青墩玉器雕琢精细、精致从而达到精美的审美层次。雕琢诚然是工艺技术，实际上表现为心灵的雕琢，是根据心灵的审美需要所作的加工。先民何以反复强调对玉的雕琢，就是因为其表现为审美的追求，是艺术审美的提升，是斫璞而得玉，从而成为审美理想的象征。于是，在玉器上实现了人文精神和美学精神的统一。青墩玉器形态也仍然以圆形为主。玉琮的内圆是雕琢而空的圆，整体形状则为圆形。圆从本体上是太阳崇拜，是太阳形的实物化表征。“圆”是中国文化的极致性理想，积淀着天圆的地理观念、玉圆的形式观念、一切都应圆满的理想；即不能达，亦为心往，遂成理想。美国哲学家威尔赖特认为，中国“常有一个轮子栓在柱子上并向右旋转……象征着宇宙之道”，“轮子在旋转中有这样一种特点，即当轴心固定时，辐条和轮圈的运动是完全规则的。这一特点很容易成为一种人类真正的象征”。青墩玉器正体现了这一点。而奇妙的是，青墩遗址中有一个与前文所述八角形有别的陶纺轮，表面刻有三涡旋状纹，体现了圆的旋转状态，故富动态感，正与玉的圆形在文化、审美形状上暗合，构成了相互的印证。

青墩遗址麋鹿角上的刻画纹的具体表征已引起文化史界的瞩目。张政烺先生在其文《试释周初青铜器铭文中的易卦》（常被人们所引用）中说道："1979年江苏海安县青墩遗址发掘，出土骨角栖和鹿角枝上有易卦刻纹八个，例如三五三三六四（艮下、乾上、遁）六二三五三一（兑下、震上、归妹）。其所使用的数目字有二、三、四，为前举三十二条考古材料所无，说明它的原始性。这是长江下游新石器时代文化，无论其绝对年代早晚如何，在易卦发展史上应属早期形式，可以据此探寻易卦起源地点问题。"[1]还有些学者也就此作出了研究和解读。鹿角刻画纹不是代表一般的装饰刻画意义，而是具有重大的易学史和文化史意义。它被确认为是占卜的筮数记录，用在鹿角上刻画的手段、方法，以刻画纹来表征记数符号。这些方法、手段、特征，表明它属于易发展史的早期阶段，其中许多暗码需要深入解读。在文化史上越是接近源头的事物、事象、物象，就越具有原初价值和文化涵量。虽然对此所作的研究尚待深化，但其原始性存在的地位是明确无误的。它体现了青墩遗址的文化渊源十分深厚悠长，青墩人的智慧和思维方式得到了极早的开发。

青墩遗址的石器跟农耕文化（特别是稻作文化）、陶器跟饮食文化、骨器跟象数文化之间的密切联系，体现了在华夏大地上青墩先民代表当时文化的领先水平。

青墩先民实现了在日常生活中实用性价值和审美性价值的剥离，不需要专门去制作什么审美器皿，而是在很普通的日常用具中，产生出实用性价值和审美性价值的彼此消长、浓淡和盈缩。社会性实践是推进这一伟大的文化——美

[1] 张政烺.试释周初青铜器铭文中的易卦.考古学报，1980（4）.

学史进步的原动力。于是，在一系列的物品上逐渐萌生发展了个体的原创精神、生活乐趣和审美情调。从实用性到审美性的演变历程，体现了美和美学史的发展规律。

青墩遗址出土器皿的线条流动性和精致的造型，体现了水文化的一般属性和特征，“仁者乐山，智者乐水”，水文化是智慧性、机巧性文化，跟环太湖地区的吴文化圈的审美格调是一致的。

青墩遗址没有文化断层，体现了文化史的延续性。它代表了江淮地区原始文化的一个发展阶段，填补了新石器文化在江苏南通地区的空白。

青墩遗址的出土文物以有形的载体承荷着大量无声的历史文化信息。其中有的已被人们破译或解读，有的则尚待认知。

前面已稍带提及，这里要着重说的是，青墩遗址地处原隰地带，一马平川，既不产石，亦不生玉，却生产了如此丰富、精美的石器、玉器，其石料、玉料从何而来？历史疑问可以存而不答，但它却提示着一个重要的文化现象：“青墩跟远近地区有着密切的往来。远古的青墩是开放的！”

青墩遗址出土文物的文化性质和原始、原创特征十分醒目。不是滞后、平行、重复，而是领头、领先、领跑，青墩先民是勇于、善于开拓的！诸如为学者所揭示并形成共识的有：

（1）鹿角回旋镖作为狩猎工具在亚洲太平洋地区为最早创造和使用，为我国首次发现；

（2）带柄穿孔陶斧为我国首次发现；

（3）长江北岸五六千年前的“干栏式”建筑为我国首次发现；

（4）鹿角刻纹是《易》起源的最早证明。

可以说，它代表了当时中国文化的最先进水平，居于其最前沿位置！

从青墩遗址，我们更亲切地感受到了《诗经》所描述的情景，“呦呦鹿鸣”、“鸢飞戾天，鱼跃于渊”、“鹤鸣于九皋，声闻于天”、“鱼丽于罶”、“南有嘉鱼，蒸然罩罩”、“沔彼流水，其流汤汤”、“采采芣苢，薄言采之”、“采菽采菽，筐之筥之”、“四月维夏，六月徂暑”、“鱼在在藻，依于其蒲”、“雨雪瀌瀌，见晛曰消”、“桑之未落，其叶沃若”、“之子于狩，言韔其弓”等等。这是怎样动人的图画啊！

“暾将出兮东方”，整个华夏文明在海安青墩这片土地上升起了一抹晨曦和曙光！

（吴功正）

青墩遗址保护利用的文化价值

青墩新石器遗址，被考古界誉为江苏的“河姆渡”，2006年6月，被国务院常务会议核定批准为第六批全国重点文物保护单位。5 000年前，青墩古人就以聪明智慧在江海平原播撒了第一缕文明的曙光，对青墩遗址进行挖掘梳理后可发现，其至少具有八个方面的文化价值。

一、青墩遗址与江淮东部原始文明

江淮东部在历史上从未发现古人类遗址，因此国内考古界一直认为这一地域没有原始文明。1951年淮安青莲岗遗址的发现改变了这一传统观念。

1973年8月，当地挖掘出了青墩新石器时代遗址，在青墩遗址出土了新石器时期良渚文化与青莲岗文化时期的石器、玉器、骨器、陶器及大量动植物化石。其中，发现了陶斧、陶纺轮、鹿角刻纹与“干栏式”建筑，还有可以与河姆渡遗址相提并论的稻作遗迹。青墩遗址已出土的文化遗物，以陶器、石器、骨器为主，出土的玉器数量虽不多，但在江淮地区的新石器时代文化遗址中，尤其是滨海遗址中，无论是材料的选择，或是雕琢工艺，以及玉器反映出的精神文化层面，都是首屈一指的。

青墩遗址的发现，把江海文化的文明史从2 000多年前向前推进到5 000多年之前，给了解江淮平原远古先民的生存状态与璀璨文化提供了一个新的视窗。对于探索长江南北新石器时代良渚文化意义重大，故引起了全国考古界的关注。

二、青墩遗址与海安历史起源和南通人类文明史

对青墩遗址发掘现场进行分析，认定这是一处新石器时代的遗址。这一遗址距今5 015±85年。在这之前，对海安的历史起源，相关志书一般都从西周（公元前11世纪）算起，距今3 000多年。由于青墩新石器时代遗址的发掘，说明了至少在距今5 000年至6 000年之前海安就已成陆，并已成为人类聚居活动之地。同时，这也是对南通地区历史探源的一大突破，标示了南通地区的人类文明史当从青墩起。其成陆较早的原因，可能与当时长江口北岸的逐年沉积相关，青墩遗址最下层的原生青灰色淤沙土，即是较典型的河口型堆积土。

从青墩遗址的文化遗存分析，尽管青墩遗址地处长江北岸，但总的文化面貌特征基本上与江南新石器时代遗存相类似，而与苏北地区的有关新石器时代遗存区别较大。文化层的遗存在总的特征上比宁镇地区更接近于崧泽中层的文化遗存（崧泽文化距今5 800年至5 000年）。而上文化层的玉器等遗存则具有良渚文化的某些主要特征（良渚文化距今5 000年至4 000年）。

从青墩遗址古土样品的孢子花粉分析，青墩遗址的古气候由全新世中期的温暖潮湿转为晚期的温暖湿润。古青墩人在得天独厚的滨海平原上，从事农耕、渔猎、饲养、纺织等生产活动。特别需要提及的是，在第6文化层有占组合2%的荨麻科花粉，可能是苎麻属的一种，同层出土物中亦有陶纺轮，这说明，古青墩人已经开始种麻、纺线、织布，南通地区纺织业的历史似可追溯到5 000多年之前。玉璧、玉琮等较精致玉器的出现，可能也意味着已有专门从事某种生产的手工业者。

三、青墩遗址与易卦起源地

经过对青墩遗址出土麋鹿角上的刻画纹作分析，这些刻画纹应属于易卦的早期形式，由此引起了国内许多知名

学者的重视和研究。中国社会科学院历史研究所张政烺教授在他发表于《考古学报》1980年第4期上的一篇论文中指出："1979年江苏海安青墩遗址发掘，出土骨角柶和鹿角枝上有易卦刻纹八个，例如三五三三六四(艮下，乾上，遁)六二三五三一(兑下，震上，归妹)。其所使用的数目字有二、三、四，为前举32条考古材料所无，说明它的原始性。这是长江下游新石器时代文化，无论其绝对年代早晚如何，在易卦发展史上应属早期形式，可以据此探寻易卦起源地点问题。"在1987年的国际周易学术讨论会上，许多论文都直接或间接地提到青墩遗址的这一重大发现。

四、青墩遗址与"中华第一斧"

在青墩遗址出土的大批陶器中，有一枚堪称"国宝"的有柄穿孔陶斧，系按石斧实物缩小仿制的，分柄和穿孔斧两部分。此陶斧并非实用之物，但为当时穿孔石斧的装柄方法提供了实物证据。陶斧的造型十分别致美观，现为南京博物院收藏，系国家一级文物。无论从其历史价值、精神价值或美学价值来看，我们都可称之为海安的镇县之宝，此外，青墩出土的用鹿角制的耒和三叉形投掷器，在江苏系首次发现，亦具有重要的历史考古价值。

五、青墩遗址与海安成陆史

1986年12月6日，海安县双楼乡郭楼村四组农民在疏浚焦港河时，在该组河段工地距地表约4米深处发现了一些大型哺乳动物化石——亚洲象化石。这批呈亚化石状态的标本是：载左右下臼齿的一副残缺的下颌骨、一件肩胛骨、一根肋骨和基本完好的左右臼齿。尽管散见的标本离整个动物个体相距甚远，但基本完好的左右臼齿为详细而准确的鉴定提供了可靠佐证。据上海自然博物馆古生物组副研究员曹克清先生鉴定：这种动物目前仅生活于南亚，中国云南西部尚存少数，而当地早已绝种。曹先生进而指出：虽然中国云南西部尚存少数，即在北纬40° 略北（今河北省阳原县为其最北界）以南，东经98° 略南（云南省最西界为界）以东的 16个省市，曾相继发现百余处亚洲象产地的地史、历史和现生记录，但多半只留下以牙齿为代表的解剖特征和数据。亚洲象化石标本代表的动物当生活在距今6 506±161年（公元前4 519年前后）以前。很显然，海安发现的亚洲象化石将会留下较为全面细致的骨学的有关数据。

海安亚洲象化石发现的意义还在于：对海安成陆史提出了崭新的推进性论断。1976年海安青墩遗址的发现，说明至少距今5 000多年以前，海安已经成陆（青墩遗址绝对年代中文化层距今5 015±85年），而亚洲象化石的发现说明海安成陆应追溯到6 506±161年以前。此外，标本的记述和有关数据对全新世地层年代的鉴定对比，对说明海安古地理、古气候条件，对了解生物地理区的发展历史，对研究海安先民的发源、迁徙关系等方面，均具有重要意义。

六、青墩遗址与海安古气候环境

经上海同济大学海洋地质系孢粉分析，其中乔木花粉占50%，所含常绿栎类、山毛榉、杨梅、木兰均为亚热带常见树种；灌木及草本花粉占48.4%，所含水生草本植物种类较多，含量较高。蕨类孢粉占20.2%，所含金毛狗、桫椤、里白等均为常见的热带分子；另见有环纹藻和双星藻等温暖地区常见的藻类。孢类组合显示了较暖而潮湿的海安古气候环境。

七、青墩遗址与中国移民史

2003年1月，南通市政协大会有《关于提升南通城市文化品位的六点建议》，第四点建议是深入研究青墩文化，培育南通历史文化亮点。其中讲到中国社会科学院文学研究所副所长李慎之先生指出的“1973年居然在南通的一个墓穴中发现了一部明朝成化年间刊印的《花关索出身传四种》

的唱本。其在文化上的价值实在并不亚于长沙马王堆出土的帛书”。它的出现为中国移民史的研究提供了佐证。

八、青墩遗址与海安人的创业精神

在人类社会发展史上，古老与现代是连在一起的，辉煌的古代文明必将孕育璀璨的现代文明。青墩文化蕴涵着海安精神的因子，海安精神传承着青墩文化的精髓。从青墩文化，可以想象到青墩古人万众一心、艰苦创业的劳作情景；从青墩文化，可以考证到青墩古人开拓争先的创造情形。例如，有柄穿孔陶斧，作为生产工具的模型或替代品是江淮东部原始先民的一大发明，为全国墓葬发掘中仅见，陶斧的出土解决了困扰学术界多年的“石斧如何装柄”的学术难题，因此被人们称为“中华第一斧”；陶豆圆形柄装饰纹——刻有两方连续的图案，共分5组，每组均为等距，经南京博物院考古研究所所长张敏先生鉴定，是我国第一次发现的原始先民五等分圆的实例，代表我国原始社会史上数学或几何学研究的最高水平；刻纹麋鹿角的发现被中国易学研究会专家张政烺先生认定是易卦起源的初始符号，从而为东方伏羲作八卦、开创易学提供了最有力的证明，因此有人称其为“东方第一卦”；鹿角回旋镖是在亚太地区最早创造和使用的狩猎工具，为我国首次发现；长江北岸五六千年前的“干栏式”建筑为我国首次发现；炭化稻谷的发现，标明青墩古人早在5 000年前就开始种植水稻（且是偏粳型稻），其久远的历史与浙江河姆渡遗址相比肩。青墩遗址出土的文化遗物，无论是陶器、石器，还是玉器、骨角器，器形在当时都是那样的先进，工艺都是那样的发达；同样，出土的大量动物骨骼、动物标本也表明江淮东部地区的原始先民有着发达的渔猎、采集、饲养和稻作农业经济。青墩文化中随处可见令人惊叹的诸多唯一和许多第一。青墩文化是同一时期诸考古学文化中的佼佼者，代表了这一时期的最高水平。再加上不同时期移民海安的人们，他们与海安土著民一起在长期的生产劳动、生活交往实践中积淀生存的智慧，积累发展的经验，从而形成了共同的、积极的、有凝聚力的、海安特有的文化。这是现代海安精神的源头和不断滋长的基因。

（孙汝建）

附　录

青墩麋鹿角刻纹误读
——一个历史性的差错

《考古学报》1983年第2期发表南京博物院撰写的《江苏海安青墩遗址》考古发掘报告，其中青墩遗址出土的刻在麋鹿骨角上的一些符号，引起易学研究专家的关注。张政烺先生首先认为是易卦的初始符号，明确指出："无论其绝对年代早晚如何，在易卦发展史上应属早期形式，可以据此探寻易卦起源地点问题。"紧接着，孙振声、徐锡台、耿济、徐冬昌等专家学者也纷纷著文肯定这一观点，认为青墩遗址出土的麋鹿角刻纹是易卦的初始符号。可有谁想到，这期《考古学报》上发表的考古发掘报告对一枚刻纹麋鹿角的刻画数及分组方式的表述存在明显错误，且一错就是20多年，至今无人更正。

意外的发现

考古发掘报告上关于青墩遗址出土的刻纹麋鹿角的表

述牵涉到两枚麋鹿角，其中一枚表述有误，而之所以被发现，纯属偶然。

2008年下半年，笔者着手编辑青墩文化研究系列丛书《东方易学之祖》。在仔细阅读张政烺、徐锡台、耿济、徐冬昌等人撰写的关于青墩麋鹿角刻纹为易卦初始符号的论文时，见众多专家均提到南京博物院珍藏的两枚刻纹麋鹿角，并且都论述了刻纹代表的筮数问题。出于好奇与慎重，遂认真查看《青墩文化》彩页第66页的麋鹿角刻纹图片[1]，在辨识刻纹符号的过程中，突然萌生数数每组复道人字纹笔画数的想法（平行线刻画一目了然，每组均四画）。为了精确计数，特用放大镜对着图片一一清数，并在白纸上依原样画出刻纹样式，标出每组人字纹刻画数，结果发现其刻画均为五画或六画，没有考古发掘报告上说的四画。这就奇怪了，怎么会出现这种偏差呢？于是再仔细阅读考古发掘报告上关于这枚刻纹麋鹿角刻画数的表述，那上面明明白白写着：

> T15：41，刻画有五组平行线纹，每组四至五画，每两组平行线之间刻有两组顶端相对的复道人字纹，每组也由四至五画组成。

平行线明明只有四画，报告则说“每组四至五画”；复道人字纹没有四画，怎么数都是五画或六画，报告却说“也由四至五画组成”。会不会这段文字描述的不是这枚刻纹麋鹿角？再逐字逐句读原文，对照插图和编号检查，没错，说的是这枚刻纹麋鹿角！那怎么会弄错了呢？

笔者通过电话与考古发掘报告的撰写人纪仲庆先生取得联系。纪仲庆先生曾任南京博物院考古研究所所长，正是他和张之恒教授当年率领南京大学历史系考古专业的10

---

[1] 青墩文化. 长春：吉林人民出版社，2004. 彩页66.

多名学员主持了青墩遗址的考古发掘。据纪老回忆，考古发掘报告是几个人分写的，最后由他统稿。对这枚刻纹麋鹿角的刻画数表述有误，他表示不知道错了，他说："当时出土那么多文物，很难一一细看……对那枚刻纹麋鹿角当时我们也没认识到有多重要，后来张政烺等人认为那是易卦的初始符号，我们也没有重新察看研究，你如果认为那刻画数表述有讹错，可以写点东西……"又说："有一次有关方面邀我去参加研讨会，我曾想再看看那枚麋鹿角，可惜馆里文物堆得太多，保管人员找了很长时间都没找到，只好作罢……"我想请纪老回忆当时是谁写的这段文字，他沉默片刻回答说："时间太长了，快30年了，实在记不得了……"

搁下电话，我陷入深深的思考。当年考古发掘，除带队老师外，大多是学生，会不会因一下子出土许多文物，来不及仔细辨认研究，擦去泥污后只粗略地计数一下便形成了记录，而后来撰写考古发掘报告时，执笔人又可能过分相信考古现场记录，未对照刻纹麋鹿角实物认真辨读——因为那时他们也不知道这件文物的特殊价值，以致造成笔误……

2008年10月，在一次青墩文化访谈节目上，我曾想现场探寻坐在主持人旁边的南京博物院的有关专家，希望能弄清麋鹿角刻纹表述差错的问题，但比较机械的主持人却中途打断我发言，不让我讲完，以致失去现场讨论更正的机会……

刻纹的本来面目

在多种努力无果的情况下，我只得根据纪仲庆先生的意见，通过文字来更正这一段表述。

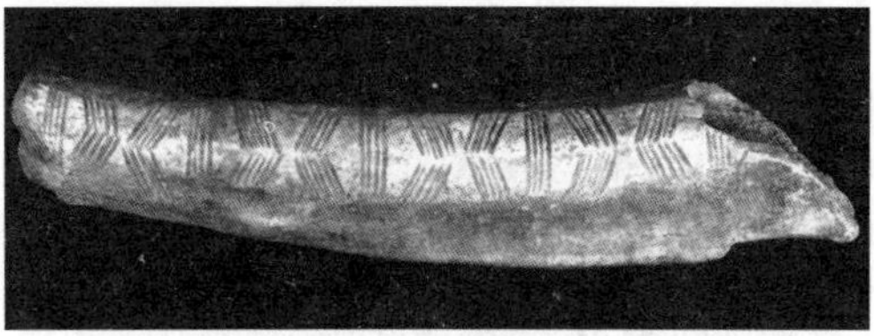

图45 青墩出土的刻纹麋鹿角

首先让我们仔细观察图片（图45），再研读考古发掘报告相关的文字，我们可以发现这枚麋鹿角上的刻纹有三个完整的组合——即类似书名号（《》）的复道人字纹中间夹四根平行线为一组，每个组合像一个卦式，而左侧两个完整组合的复道人字纹的刻画数用数字表述即为：

5　6　5　6
　4　　4
5　6　6　5

如果将这些数求和，恰好每组都等于“26”。右边的一个完整组合用数字表述则是：

5　5
　4　，　求和则是“25”。
5　6

前两个组合刻画数之和均为“26”，为何这个组合是“25”呢？再用放大镜仔细观察这个组合的刻画数（图46），发现这个组合的三个“5”画和中间平行线的“4”画均无误，唯“6”画有疑义，因为这“6”道刻纹里有重合的刻纹，也就是说，这里不是“6”画，而应该是“7”画，因此该组合刻纹数用数字表

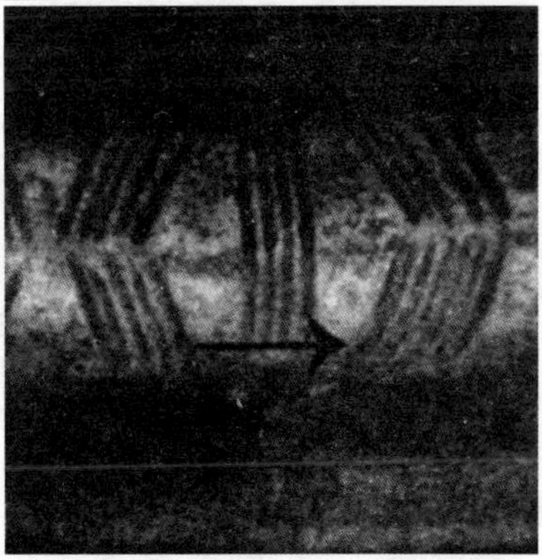

图46 箭头指处为重合的刻画纹

述应该是：

5　5
4
5　7

这样一来，这一组的刻画数之和，也是“26”！于是我觉得原来考古发掘报告上关于这些刻纹组合的划分有点不妥，即刻纹组合不应以平行线到平行线为界，而应以两两相对的复道人字纹中间夹四根平行线为一个组合，用图表示则为：。

如果按考古发掘报告上平行线到平行线中间夹两对复道人字纹划分，就必须把平行线拆开，变成模样，这显然有违刻画者的本意。

有趣的是，笔者找出其刻画规律，对照刻纹麋鹿角两端残缺部分残留的刻画数，再比照中间三个完整组合刻画数的对应刻画规律，可以推测出两端残缺部分的刻画数（残缺刻纹加括号表示），其刻纹组合分别是：

（5）　5　　　　6　（5）
左端：　4　　；　右端：　4　　。
（7）　5　　　　6　（5）

这样，这枚刻纹麋鹿角上的刻纹其刻画数可以排列成五个完整的组合，即：

（5）　5　　5　6　　5　6　　5　5　　6　（5）
4　　　4　　　4　　　4　　　4
（7）　5　　5　6　　6　5　　5　7　　6　（5）

仔细研究这五个组合，其刻画数之和都是“26”，刻纹图案不简单重复，以中间的组合

5　6
4
6　5

为中心，左右隔一个组合的刻画数反向呼应，不雷同，极具变化，我们不能不惊

叹古人刻制这枚刻纹麋鹿角的匠心!

依照古文字学家的解释,古人最早的文字符号刻一横表示“一”,刻两横表示“二”,刻三横表示“三”,类推下去,这些刻纹表示的数是可以排列成上述组合的,而这种组合颇有点组合数学的味道,因此这恐怕是中国乃至世界上最早的组合数学模型了!

至此,我们可以看出,考古发掘报告上关于这枚麋鹿角上的刻纹的表述至少有三方面的讹错:

第一,该刻纹麋鹿角上的五组平行线纹不是“每组四至五画”,而是均为四画。这从原物照片上可以清晰地读出。

第二,每两组平行线之间的复道人字纹不是每组“由四至五画组成”,而是由五、六、七画组成,根本没有四画,七画的刻纹须仔细辨读。

第三,刻纹组合的划分不应以平行线为界,而应以类似书名号(《》)两两相对的复道人字纹夹四根平行线为一个组合进行划分。实际上这是古人筮占的一种卦式,如将四根平行线为界拆开,就没有意义了。

无须怀疑的卦式

无独有偶。需要特别说明的是,青墩遗址出土的刻纹麋鹿角刻纹符号不仅在这枚麋鹿角上有复道人字纹,徐冬昌先生研究的南通博物苑珍藏的另一枚刻纹麋鹿角上(图47)也

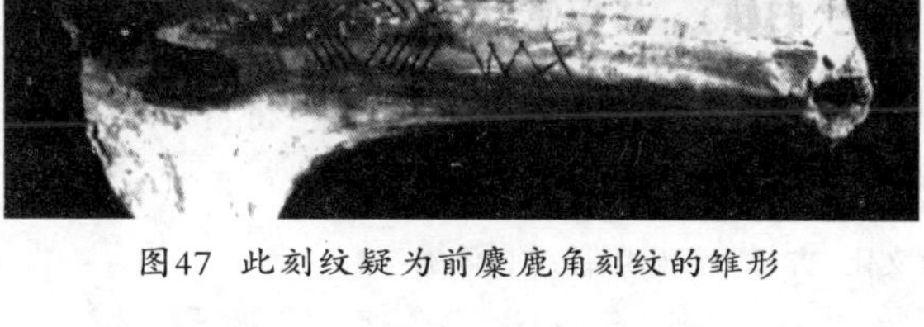

图47 此刻纹疑为前麋鹿角刻纹的雏形

刻有这样的复道人字纹。稍有区别的是这枚麋鹿角上的复道人字纹中间没有四根平行线。但可以肯定，这两种复道人字纹的刻画寓意极有可能是一致的，或者存在着递进演变的关系。因为如是单纯的刻画记数不必这样排列，只须刻平行线即可，而要刻成复道人字纹则显然要困难许多。因此古人在坚硬的麋鹿角枝上这样刻画，肯定赋予了特别的寓意。徐冬昌先生明确指出这是易卦刻纹，并认为是“易卦的早期形式”。他拿这些刻纹与《周易》中的卦画作比较，认为青墩刻纹是“用数码及线条数目表示数，10以内，有多少根线条，表示多少个数”，而《周易》“以数字表示”。他认为“数码记数法比较原始，例如，刻画纹角枝上的8数，以四重八字纹计八条线来表示。到了周初，省去了三重八字纹，仅取一重，遂成铜器铭文中的‘八’”。再后来，到了《周易》时卦象就用阴（--）阳（—）爻来表示了，这就是卦纹符号的演进。

遗憾的是，徐冬昌先生生前没有见过南京博物院收藏的这枚刻纹麋鹿角，只是从《考古学报》（1983年第2期）刊载的考古发掘报告上读到关于这枚刻纹麋鹿角刻纹的表述，而表述偏偏是不准确的……奇妙的是，徐先生在研究南通博物苑珍藏的那几枚刻纹麋鹿角的论文中就分析古人是“用1至10占筮的”[1]，而青墩出土的麋鹿角刻纹已显示有9个数，“只差一个7数”，但他推断“古青墩人占筮时，未必不用7数”，“因为含10在内的天地、奇偶之数是均等、对称的。角枝上既有偶数8，便会有奇数7，只是我们还未发现实物罢了”。而事实是，在南京博物院收藏的这枚刻纹麋鹿角上就确实存在着7数，只是考古发掘报告表述有误而徐先生未能得知，这是历史的遗憾！笔者在这里将错误予以更正的原因正在于此，不能以讹传讹，更不能将青墩古人创造的智

[1] 青墩文化. 吉林人民出版社，2004.91–95.

慧之光永远埋没!

所幸的是，张政烺先生从考古发掘报告披露的不完全的表述中仍看出这些刻纹是易卦起源的初始符号。他在《试释周初青铜器铭文中的易卦》“补记”中明确指出：“1979年江苏海安县青墩遗址发掘，出土骨角栖和鹿角枝上有易卦刻纹八个，例如三五三三六四（艮下、乾上、遁）、六二三五三一（兑下、震上、归妹）。其所使用的数目字有二、三、四，为前举三十二条考古材料所无，说明它的原始性，这是长江下游新石器时代文化，无论其绝对年代早晚如何，在易卦发展史上应属早期形式……”

叹只叹张政烺先生未能看到这枚刻纹麋鹿角实物或正确的表述，否则他会有更深入的研究发现；而张政烺先生指出这些刻纹符号意义后，南京博物院的专家又未能予以回应，以至时间过去了这么多年，仍不能更正考古发掘报告中关于这些刻纹表述的错误。随着时间的推移，人们有理由相信这些刻纹符号对于易学研究实在是太重要了，因为它们出自青墩遗址的中下文化层，也就是距今5 000多年前，目前国内关于易卦起源的原始资料恐怕还没有比这更早的。因此，我们有责任将之公布于世，希望能引起易学研究专家的关注。

（王其银）

参考文献

孙振声. 易经入门. 文化艺术出版社(新版), 1980. 台湾星光出版社(原版), 1981.

唐兰. 在甲骨文中所见的一种已经遗失的中国古代文字. 考古学报, 1957(3).

张正. 试释周初青铜器铭文中的易卦. 考古学报, 1980(4).

张正. 易辨——近几年根据考古材料探讨《周易》问题的综述.《周易》全国学术讨论会论文(武汉), 1984.

徐锡台. 西周卦画探源. 中国考古学会第一届年会论文集. 文物出版社,1979.

徐锡台. 数与《周易》关系的探讨.《周易》全国学术讨论会论文(武汉), 1984.

徐锡台. 研究殷墟卜辞中"巫"、"帝"等字产生的本义——兼论《易》卦起源的若干问题.《周易》国际学术讨论会论文(济南), 1987.

周立升. 契数与《周易》.《周易》国际学术讨论会论文(济南), 1987.

上海市文物保管委员会. 上海市青浦县崧泽遗址的试掘. 考古学报, 1962(2).

黄宣佩等. 青浦县崧泽遗址第二次发掘. 考古学报，1980（1）.

黄宣佩.关于良渚文化若干问题的认识. 中国考古学会第一次年会论文集. 文物出版社，1979.

南京博物院.北阴阳营——新石器时代及商周时期遗址发掘报告.文物出版社，1993.

南京博物院.新沂花厅村新石器时代遗址概况.文物参考资料，1956（7）.

南京博物院.江苏邳县四户镇大墩子遗址探掘报告.考古学报，1964（2）.

吴金鼎.城子崖.中国考古报告集之一，1934.

刘敦愿.日照两城镇龙山文化调查.考古学报，1958（1）.

南京博物院.江苏海安青墩遗址.考古学报，1983（2）.

安徽省文物工作队.潜山薛家岗新石器时代遗址.考古学报，1982（3）.

杨德标.谈薛家岗文化.中国考古学会第三次年会论文集.文物出版社，1984.

安徽省文物考古研究所.望江汪洋庙新石器时代遗址.考古学报，1986（1）.

长办文物考古队直属工作队.一九五八至一九六一年湖北郧县和均县发掘简报.考古，1961（10）.

龙虬庄遗址考古队.龙虬庄.科学出版社，1999.

徐治亚.略谈吉家墩新石器时代文化遗址.东南文化，1990（5）.

江苏省文物工作队.江苏邳县刘林新石器时代遗址第一次发掘.考古学报，1962（1）.

南京博物院.江苏邳县刘林新石器时代遗址第二次发掘.考古学报，1965（2）.

安徽省文物考古研究所.安徽含山凌家滩新石器时代墓地发掘简报.文物，1989（4）.

安徽省文物考古研究所等.安徽含山县凌家滩遗址第三次

发掘简报.考古，1999（11）.

阚绪杭.定远县侯家寨新石器时代遗址发掘简报.文物研究：第5辑.黄山书社，1989.

安徽省文物考古研究所.安徽肥西县古埂新石器时代遗址.考古，1985（7）.

泰县志.江苏古籍出版社，1993.

张之恒.中国新石器时代考古.南京大学出版社，2004.

后 记

自2004年5月出版《青墩文化》第1版至今已经6年了。

这6年，是青墩文化从不为人们所认识到在相当地域范围内形成很大影响的6年。这6年，关于青墩文化的研究，我们先后出版了《青墩文化》（一、二版）《青墩遗址》《江海文明之源》《苏中探古之门》《东方易学之祖》等研究专著，并就青墩文化的传承结合海安及周边地区的历史文化先后编写出版了《海安风物志》《海安方言研究》《鹿鸣青墩》《凤仪青墩》等书籍。这一方面使青墩文化在更广阔的层面得到宣传介绍，另一方面也使我们对青墩遗址——青墩文化的认识进一步加深。

正是在编写出版这些研究专著的过程中，我们开始感到受当时历史条件的限制和我们对青墩文化某些方面认识的不足，以前所出的众多版本还缺乏严密的系统性，因此很想对青墩文化的众多研究成果进行一次梳理，以便更完整更系统地向读者展示青墩文化的各个层面。恰巧“江海文化”研究会拟编辑出版一套反映南通地区历史文化研究的丛书，而“青墩考古”被列为一大选题。于是，我们着手对以往所刊出的众多关于青墩文化研究的文章进行归类整理。由于出版方对丛书的要求是普及读物，对原有文章中的一些学术性、专业性很强的部分必须进行修改，有的篇目则由于普通读者难以读懂而不得不割舍，因此现在编入本书的只是迄今为止青墩文化研究成果的一部分。

出于对学术论著原作者的尊重，在将专家学者的论述编入本书时尽管对原文进行了删改，但仍在文末标上作者的名字，其中纪仲庆、张之恒、殷志强、张敏等都是当年参加青墩遗址考古发掘的当事人，且他们都是中国考古界很有影响的人物，他们在青墩遗址——青墩文化研究上的许多重要学术观点很值得读者朋友认真学习研究。另外，梁白泉、耿济、徐冬昌、钱健（羽离子）、徐志楠等先生在麋鹿角刻纹易学以及八角星纹等方面的研究也有许多建树，颇值得有兴趣的读者仔细阅读，并进行分析研究。

当然，最受人推崇的是南京大学历史系教授、博士生导师张之恒先生关于青墩文化的研究，他在《中国新石器时代考古》（大学通用教材）专著中对青墩文化进行了全面深刻的阐述，明确指出青墩文化代表江淮地区江苏地域的原始文化，并充分肯定青墩文化在中国文明起源中的独特作用，这对进一步弘扬、宣传青墩文化具有十分重要的意义。

此外，在编写出版此书的过程中，幸蒙南通市江海文化研究会各位领导，特别是尤世玮、沈玉成等先生的大力支持，以及中共海安县委宣传部、江海文化研究会海安分会的翟厚才、王炜、吉光、王东升、徐进、丁建民、董玉龙、陈岳来、刘友斌、史礼根等同志的关心和支持，特致以深切的谢意。

王其银　李春涛

2010年8月20日